TAROT HIDDEN SOPHIA

タロット
封印された
叡智
【グノーシス】

隠された「5重構造」を解き明かす

占術・言語学研究家

成泰

Naritai

ヒカルランド

TAROT HIDDEN SOPHIA

タロット
封印された
叡智
【グノーシス】

隠された「5重構造」を解き明かす

占術・言語学研究家
成泰
Naritai

ヒカルランド

✵はじめに

前作『〈美術〉と〈スピリチュアル〉で読み解く　タロット隠されたメッセージ』（以降、前著）で解き明かした「マルセイユ・タロットの秘密」について、ご賛同の声を多数いただきました。

しかしながら、現代の主流「ウェイト・スミス・タロット」についてのお問い合わせも多く、私自身が答えを知るためにも、その実情を調べてみることにしました。

よく知られているように、ウェイト・スミス・タロット制作の背後には、ユダヤの秘教といわれる「カバラ」が存在します。

歴史探索をしてみて気がついたのは、カバラとカタリ派の関係。

（古代思想に端を発するとはいえ）カバラの本格的な体系化は、中世、12世紀後半の南仏ラングドック地方でスタートしました。

ラングドックはまた、（マルセイユ・タロットの創始に強く関わった）カタリ派の本拠地でもあったことから、両者の間に交流があったことが想像できます。

実際に、
●カバラもカタリ派も、思想内容は古代の叡智「グノーシス主義」を母胎としている
●マルセイユ版「大アルカナ」の絵柄にカバラの影響が見られる
ということから、**カバラとカタリ派に何らかの交流があった**ことは否定できないでしょう。

そして、カバラについてさらに深掘りしていくと、驚くべきことが、判明したのです！

⑴カバラの真髄を成す「生命の木」は、古代エジプト起源の「ピュタゴラス数秘術」と、同じく古代エジプトの『ナグ・ハマディ文書』に登場する「グノーシス神話」の影響を強く受けている。
⑵ところが、一般に知られる「生命の木」は、⑴の数秘術・神話からの重大な乖離を抱えており、これは「後世の作為」と思われる。
⑶カタリ派も、ピュタゴラス数秘術とグノーシス神話の両方を知っていたため、この「作為」に惑わされることなく「生命の木」の本質を捉え、その本来の象意・構造に沿って「大アルカナ22枚」のストーリーを構築、マルセイユ・タロットに異端教義を封印した。

⑷カタリ派の教義を封印するに際し、ローマ教会（カトリック教会）からの弾圧を逃れるために、カードの絵柄には、当時（タロット制作時）の流行であった「ルネッサンス（および古代）の美術作品」がモチーフとして使われた。

右の⑴〜⑷は、「タロットの5重構造」として整理することができ、キウイフルーツの断面のように図解化することができます。

❶【果　芯】ピュタゴラス数秘
❷【内果皮】グノーシス神話（救済神話）
❸【種　子】カバラ「生命の木」のセフィラ
❹【外果皮】カタリ派の秘伝
❺【表　皮】古代〜ルネッサンス美術

5重構造は、キウイフルーツの断面のように表すことができます。

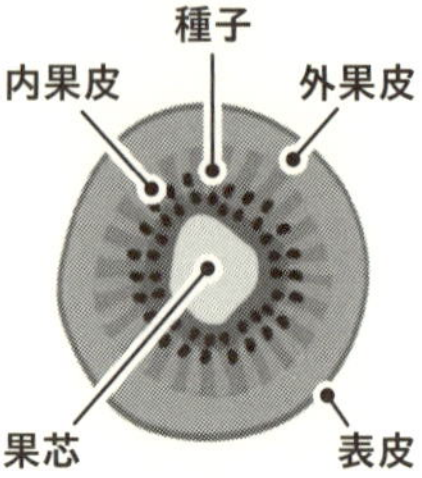

本書では、この5重構造に沿って、ピュタゴラス数秘術とグノーシス神話に隠された「生命の木」の真実の姿に迫るとともに、これらを統合的に読み解くことで得られる「マルセイユ・タロットの深淵」を紹介していきたいと思います。

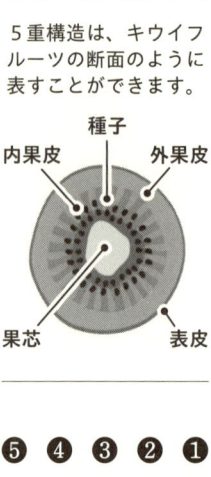

これが「**タロットのグノーシス《叡智》**」です。

この「グノーシス《叡智》」を知っておけば、恋愛・人間関係・仕事といった「個々の悩みごと」を超越した「人類全体のミッション」を理解することができ、「私たち個々人の役割・タスク」もハッキリ見えてくるので、どんな方にもおすすめの自己啓発メソッドといえます。

最後に、伝統的タロットの革新として登場した「ウェイト・スミス・タロット」の誕生秘話についてもディープな紹介をしています。

ぜひ、ラストまでお付き合いください！

2024年冬至　筆者

目次

PART 2　タロットの深淵―― 119

PART 3 タロットの革新 ―― 233

カバーデザイン　吉原遠藤
校正　井上朱里

• 人名などの後に続く（　）内の数字は、生年・没年などを示す西暦。
• 〈　〉は、引用部分。
• ┈┈┈┈で囲まれた部分は、神話引用部分（適宜改行を行いました）。
• ［　］は、引用部分における筆者註。
• ①②③などの丸付き数字は、「生命の木」「新・生命の木」における「セフィラ番号」を表します（「ピュタゴラス数秘」「グノーシス神話の神々」と連動）。
• プレローマ／プレーローマ、アルコン／アルコーン、ホクマー／コクマー、イェソド／イエソド、ネツァク／ネツァックなど表記の揺れは、「筆者の語用」と「引用文献中の表記」を併用していることによります。

PART.1

タロットの5重構造

①【果芯】ピュタゴラス数秘

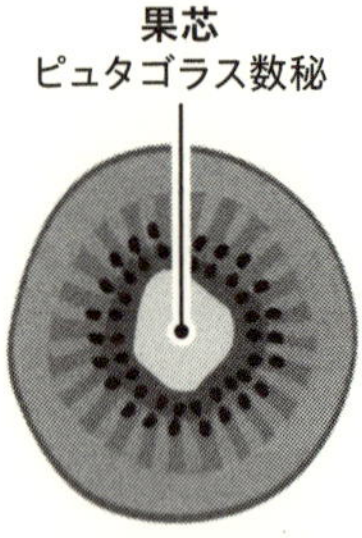

・キウイの中心、つまりコア部分を「果芯」といいます。
・タロットの果芯に該当するのは、「ピュタゴラス数秘」で、各カードの番号に表れています。
・まさに、各カードのコアに当たり、それぞれの番号がカードの内容を表しているので、「絵」がなくてもタロットとしては成立します。

1 タロット番号は、なぜローマ数字か？

前著同様、本書においても、大アルカナの番号は「00・01…20・21」のように2桁のアラビア数字で表記しています。

しかしながら、タロット本来の番号は「I・II・III・IIII・V…XX・XXI」のように、ローマ数字で表記されています。

- 「Ⅴ」は「5」を、「Ⅹ」は「10」を表しますが、「Ⅹ」は数学・科学分野で「変数」を指す記号としても使われます。
- なので、「11」を表す「Ⅺ」は、「1桁目は1であるが、2桁目は変数（任意の数）」を示すことになります。
- 同様に、「15」である「ⅩⅤ」は、「1桁目は5であるが、2桁目は変数」を表わします。

つまり、タロット番号のローマ数字は、「右の記号（アラビア数字にした場合の1桁目）だけに固有の意味がある」のです。

アラビア数字の1桁目に来るのは「0〜9」の10通りの数字。

このことから、タロット番号の1桁目は「数秘術」と関連があると想像できます。

マルセイユ・タロットの「大アルカナは数秘術にしたがっている」ことを、次に詳しく紹介していきます。

2 大アルカナは数秘術にしたがっている

「数秘術」とは、「数には意味がある」という考えに立ち、運勢などを占う占術です（以下、前著 page 029-031 より）。

今から2500年ほど前、古代ギリシャの数学者・哲学者ピュタゴラス（紀元前582－前496）が考え出したものとされており、古代の神秘思想を重視したルネッサンスの知的風土の中で、占星術、錬金術などと一緒に「復興」されました。

【1】ピュタゴラス

マルセイユ・タロットの大アルカナ番号は「ピュタゴラス数秘」を継承しつつ、その数秘が「絵柄の意味」と一致しています。

つまり、大アルカナの番号は「数秘術で意味が定められている」ので、番号を見ればカードの意味が分かるようにできているのです。

極論をいうと、「番号さえあれば、絵がなくてもタロットとして成立する」のです。

- 2桁番号は、1桁目の数字が「数秘」を表すとします。
- たとえば、タロット番号「11・21」は、「数秘1」に対応します。
- これは、前述のように、「11・21」はもともと「XI・XXI」で、1桁目の「1（I）」のみが「意味＝数秘」を持っているからです。

次表は、「数秘」と「大アルカナの番号・意味」の対応関係を示したものです（前著 page 030-031 から、左記などの改訂を行っています）。

- 数秘0：可能性・霊性 → 霊性・可能性
- 数秘1：創造 → 創始
- 数秘5：逸脱・統合 → ゆらぎ・再統合
- 数秘7：未知の探求・洞察 → 本能・探求
- 数秘9：叡智・高潔 → 円熟

数秘（数字の意味）		大アルカナ・意味	
0	霊性・可能性	00 愚者 10 運命の輪 20 審判	可能性・好奇心／自由・インスピレーション チャンス到来・可能性が開ける／実現する 良い知らせがくる・気づきが得られる
1	創始	01 魔術師 11 力 21 世界	クリエイティブ・霊感／何かを始める 困難を克服する／欲望をコントロールする 到達・完成・全体／終わりと始まり／調和
2	相反・受容	02 女教皇 12 吊るし人	バランス感覚に優れた・直感を受け入れる 試練・忍耐／視点を変える・執着を手放す
3	生命・表出	03 女帝 13 死	母性が強い・感情が豊か・繁栄／創造性 終わりを迎える／リセット・再生・刷新
4	安定化	04 皇帝 14 節制	リーダーシップ／成功・発展／経験から学ぶ 節度／バランス・道理に従う／共感・共鳴
5	ゆらぎ・再統合	05 法王 15 悪魔	ひとの心を揺るがす・変化させる力／支配欲 何かに囚われている・執着・依存／誘惑
6	神の意志	06 恋人 16 塔	調和・絆が深まる・直感に従う・正しい選択 想定外のトラブル／囚われから解放される

7	本能・探求	07 戦車 17 星	危険を感じる・迷い／アクティブに行動する 希望／理想を追い求める／ワクワクする
8	影響力	08 正義 18 月	正しい判断／妥当な結果となる・あるべき姿 心が揺れ動く／不安／モヤモヤが晴れる
9	円熟	09 隠者 19 太陽	深い智慧・分別・精神的な成長／自立する どこから見ても明らか／準備万端／友愛

【2】数秘と「大アルカナ」象意の対応関係

3 大アルカナ22枚の螺旋マンダラ

マルセイユ・タロットの大アルカナは数秘術に準じているだけでなく、その順序には意味があります。

各カードがページとなり、全体で22ページの本（物語）を構成しているともいえます。

図【3】は、この物語を「螺旋マンダラ」として表したものです。

その概要を「前著 page 032-033」より抜粋します（図は改訂しています）。

●カードは「01魔術師」から出発し、右回りの円を描いて「10運命の輪」に至ります（第1ラウンド）。
●続いて「11力」から再出発し、外側の円を描いて「21世界」に至ります（第2ラウンド）。
●グレーの10本の「指」は、10個の「数秘」を表しています。

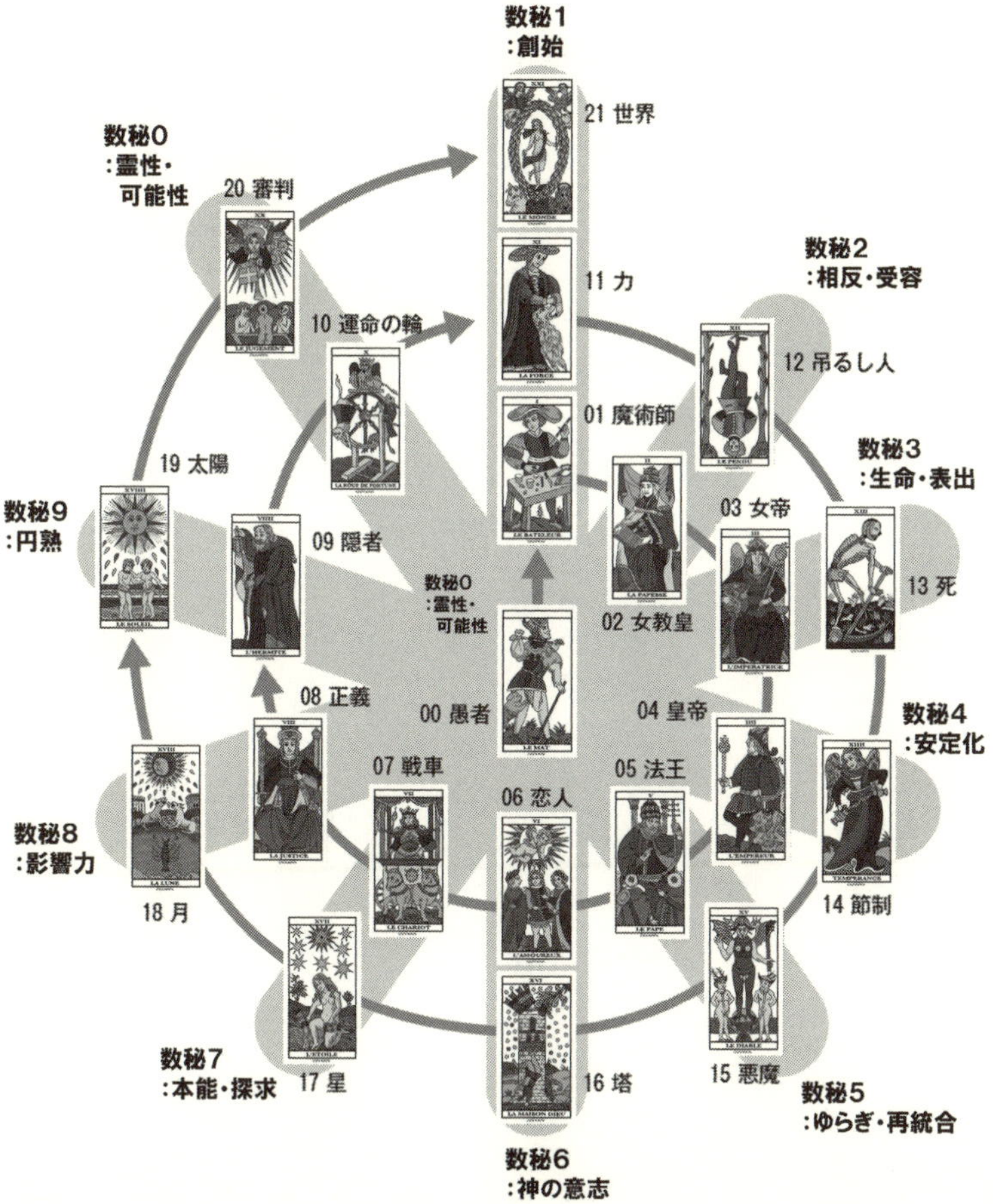

【3】マルセイユ・タロット「大アルカナ」22枚の螺旋マンダラ（改訂版）

ピュタゴラス数秘は、大アルカナを規定しているだけでなく、カバラ「生命の木」のセフィラ（10個の球）番号にも連動しています（page 091-097 参照）。

したがって、マルセイユ・タロットとカバラの間には、左のように何らかの関係があることが推測できます。

- ピュタゴラス数秘　↓　マルセイユ・タロット「大アルカナ」
  ←→　関係性
- ピュタゴラス数秘　↓　カバラ「生命の木」のセフィラ番号

② 【内果皮】―グノーシス神話（救済神話）

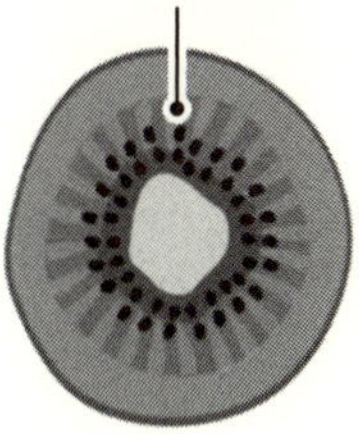

- 果芯を取り巻く部分を「内果皮」といいます。
- 内果皮に該当するのは、「グノーシス神話」。
- 果芯の「ピュタゴラス数秘」を受け継ぎ、重厚な物語を形成すると同時に、「生命の木のセフィラ」を「種子」として内包しています。

◆グノーシス主義と神話

グノーシス神話は、「グノーシス主義」と呼ばれる古代思想のなかで語られる**目も眩むほど壮大でスピリチュアルな神々の物語。**

〈グノーシス主義とは、初期ユダヤ教の周縁に、原始キリスト教とほぼ同じ頃に現れ、その後キリスト教と接触するに及んで、最大の『異端』とされた思想[1]〉です。

〈歴史的にはキリスト教の誕生と前後[2]〉しますが、〈それとは独立に成立したと推定[3]〉されます。

グノーシス主義の時代は、1世紀から4世紀、つまり、原始キリスト教が現れた時期から、『ナグ・ハマディ文書』（後述）が編纂された時期までと考えてよいでしょう。

その教義とは、

- 人間には〈本来的自己（「霊」）[4]〉というものがある
- 本来的自己（霊）は、〈本来の居場所（超越的な光の領域）から、可視的世界（星辰界と物質界）へ落下[5]〉した
- 可視的世界において、〈心魂と身体に拘束されて、蒙昧な造物神の支配下に置かれている[6]〉存在が人間である
- 〈人間がその支配を脱して、本来の居場所へ救出されるためには、そこから訪れてくる啓示に照らされて、本来の自己を「認識」（グノーシス）しなければならない[7]〉というものです。

〈人間の本質は至高の神の一部[8]〉であるものの、〈現実の人間は居場所を間違っている。本

来の場所へ立ち帰らねばならない。このことの「覚知」（あるいは「認識」、ギリシア語でグノーシス（Gnosis））こそが、その立ち帰りの途を開く〉(9)のです。

大事なのは、スピリチュアル界でよく言われる「人間は神である」「天に神はいない。私たち自身が神である」といった考え方は、グノーシス主義の教えとは異なるということ。〈全ての人間には神の知性「ヌース」がそれぞれ分け与えられて〉(10)おり、〈人間には確かに神性が備わっている。しかし、それを正しく発現するには相応の修練が必要である。ヌースを会得することで人は自らが神ではなく、神が知っていることを知ることができるようになる〉(11)のです。

ちなみに、〈「覚知《グノーシス》」は仏教における「般若」に相当する概念〉(12)ですが、〈グノーシス主義は宗教ではなく、一人一人にそれぞれの本来の生き方を示す「道」〉(13)といえます。

また、グノーシス神話にしばしば登場する「プレローマ」とは、〈至高神の神性が充溢した世界を表す言葉で［中略］空の概念〉(14)に相当します。

では、〈どうして人間は、至高の神の一部でありながら、間違った居場所にやってきたのか？　なぜそのようなことが起きるのか。そもそも間違った居場所とは何のことか？　グノーシス主義はこの問いに答えるために、無数の神話を紡ぎ出し[15]〉ました。〈その物語は、現実の世界と人間が存在するようになる以前、時空を超越したところでの神々のドラマから始まる[16]〉のです。

そのドラマには、次のように、大きく2タイプが存在します。

(1) シリア・エジプト型（西方型）

- 〈善と悪は二つの異なる起源から来たという「二元性二元論[17]」〉にもとづいている
- 「光・善（＝プレローマ）」の中に「破れ」が生じたことにより、「闇・悪」の中に「造物神」が生まれ、宇宙万物と人間が生成
- 2世紀半ば、アレクサンドリア発祥のヴァレンティノス派をはじめ、パレスティナ、シリアにも展開したグノーシス主義諸派に成立した神話。『ナグ・ハマディ文書』の大半がこのタイプ

⑵ イラン・マニ教型（東方型）

【4】預言者マニ

【5】ゾロアスター（左）

●「光＝人間の真の自己」「闇＝その対立原理」を〈そもそもの初めから設定[18]〉するドラマ

●〈これは「絶対二元性説」であり、善も悪も全てを内在する一なる神の頭が、善と悪の二つに分かれた[19]〉という考えに立脚し、〈「本源分裂二元論」とも呼べる[20]〉

●古代イランの予言者マニ（216頃－277頃）が創始し、〈三世紀にいわば古代グノーシス主義の集大成として花開いた[21]〉「マニ教」が、この考え方の代表

●〈その背後には、善と悪の絶対的な二元対立から始まるゾロアスター教の世界観の長い伝統が隠れている[22]〉

シリア・エジプト型の〈グノーシス主義者は、神性は一元から分裂したのではないと考え[23]〉、イラン・マニ教型の〈ゾロアスター教とその宇宙二元論を継承したヘブライ人の宇宙論に反論[24]〉しました。

◆シリア・エジプト型神話（＝救済神話）

シリア・エジプト型神話の骨子は、次のとおりです。

- 〈人類は人外の存在に侵略されている〉[25]
- 人外の存在とは、〈女神ソフィアが宇宙の核の外側へと出ていった時に不意に生み出されてしまった異種族「アルコン」[26]〉で、そのボスが「造物神」（＝ユダヤ教のヤハウエ）
- 造物神によって、宇宙万物の中に創られた人間は「魂と肉体に分裂」していたが、〈人間の中に光の部分が［中略］宿ることとなったのは、その「破れ」を修復しようとする光の勢力が造物神の知らぬ間にそれを注入したことによる[27]〉
- 〈個々人の救済は、このことを認識して、それにふさわしく生き、肉体の死後、造物神の支配する領域を突破して、その彼方の光の世界へ回帰することにある[28]〉

こうした神話は、「宇宙万物の構造と人間の本質を認識すること（グノーシス）によって、人間が救済される」ことを説いていることから、「**救済神話**」と呼ばれます。

シリア・エジプト型神話（救済神話）を語っているグノーシス文書は、非常に多岐にわたるのですが、本書では、きわめて重要な歴史史料を2つ取り上げることにします。

1点目は『ナグ・ハマディ文書』（とくに、その中に含まれる『ヨハネのアポクリュフォン』）、2点目は『異端反駁《はんばく》』です。

【6】ナグ・ハマディ文書（ヨハネのアポクリフォン）

◆『ナグ・ハマディ文書』（2〜4世紀半ば）

1945年にナイル河中流域の町ナグ・ハマディで発見された文書。

〈その二年後にパレスチナの死海沿岸で発見された「死海文書」とともに、古代末期のユダヤ教とそこから誕生して間もない最初期キリスト教の研究における世紀の大発見[29]〉と呼ばれています。

『ナグ・ハマディ文書』は、〈パピルスを綴《と》じ合わせて作られた写本十三冊から成り、その大半は「中略」後四世紀前半に作製されたものとするのが現在では定説[30]〉です。

〈十三の写本には合計五十二の文書が［中略］コプト語［古代末期のエジプト語］で筆写されて[31]〉いますが、〈ほとんどすべての文書がギリシア語原本からの翻訳[32]〉です。

作者は特定の個人や組織ではなく、〈二世紀から四世紀の半ばまでの実にさまざまなグノーシス主義グループが生み出した文書が横断的に蒐集されて[33]〉います。

さて、現在の「新約聖書」は、「正典」といわれる27文書で構成されており、それ以外の「キリスト教関連文書」は、広い意味での「異端」という位置づけになります。

【7】司教アタナシオス

〈後三六七年の復活節にアレクサンドリア司教のアタナシオスが管轄下の教会に向かって発した書簡[34]〉によって、「正典」と「異端」の線引きが、決定的なものになりました。

「367年」は、『ナグ・ハマディ文書』の写本の多くが作成された4世紀に当たります。

そして、〈十三の写本の発見場所がローマ時代の墓であった[35]〉のは、〈おそらくそれまで写本を所有していたパコミオス修道院がアタナシオスの勅令を機に、発覚を恐れてそこに隠匿したからなのではないか[36]〉と推測できます。

◆『ヨハネのアポクリュフォン』（2世紀前半）

〈二世紀の中葉以降になると本格的な体系を備えたグノーシス主義が見出され[37]〉ますが、『ナグ・ハマディ文書』に含まれる『ヨハネのアポクリュフォン』がその典型です。

【8】福音伝道者聖ヨハネ

この文書は、〈復活のイエス・キリストがエルサレム神殿の境内で、十二弟子の一人のヨハネに出現して啓示する神話[38]〉で、〈数多い救済神話の中で最も代表的かつ重要なもので、論述もきわめて組織立って[39]〉います。

「アポクリュフォン（Apocryphon）」は、ギリシャ語由来の言葉で、語源は、印欧祖語の「*apo- 隔離して＋*krau- 隠す」です。

グノーシス主義は、キリスト教の正統から「異端」とされたのですが、『アポクリュフォン』という文書名には、〈この文書を、「正典新約聖書」を飛び越えて、直接救い主キリストにさかのぼらせようという意図が明白[40]〉に表れています。

「聖書はまがいもの」で、「こちらが本物」というアピールです。

◆『異端反駁《はんばく》』（2世紀後半）

キリスト教正統の立場から、「異端グノーシス主義」に反駁する目的で書かれた文書を「論駁《ろんばく》文書」といい、『異端反駁』は、最古かつ最大ボリュームを誇る2世紀後半の著作。ルグドゥヌム（現フランスのリヨン）の司教エイレナイオス（１３０頃－２０２）が著しました。

この文書には、キリスト教史上最大の異端者ヴァレンティノス（１００頃－１８０頃）の弟子であったプトレマイオス（年代不詳。著名な天文学者とは別人）の教説などが収められています。

【9】聖エイレナイオス

エイレナイオスの文書は、〈神々で充満する領域（ギリシア語では「プレーローマ」）、その下の中間界、さらにその下の最下位の物質と暗黒の闇の世界のすべて[41]〉を、〈上位のものが下位のものを流出する[42]〉原理に基づいて説明しています。

この「流出原理」は、「生命の木」に繋がっていきます。

そして、その〈首尾一貫した体系は、これまでに知られているグノーシス主義神話の中では群を抜いている[43]〉のです。

◆救済神話

これから、『ナグ・ハマディ文書』と『異端反駁』のテキストを引用しながら、「救済神話」を、重要シーンごとに深掘りしていきます。

じつは、**「救済神話に登場する神々」は、「ピュタゴラス数秘」および「生命の木※」の「各セフィラ」に対応**します。（※正しくは、筆者オリジナル「新・生命の木」）

そこで、これから引用するテキストには、「⓪から⑩の数字」を随時表記します。

たとえば「②」は、「ピュタゴラス数秘の2」、および、「新・生命の木」の「第2セフィラ」を表わします（引用部内では、筆者註であることを示すために、［ ］をつけて［②］のように表記）。

神話引用部付近は〈 〉ではなく、ゴシック体で表し、適宜改行を行いました。

さらに、「新・生命の木」を図示し、神話エピソードとの関係が一目で分かるようにしていきます。

「生命の木」「新・生命の木」の詳細は、page 086-099 を参照してください。

0 霊・純粋なる光・原初「⓪」

◆霊・純粋なる光

「救済神話」は、「純粋なる霊的存在」からスタートします。

まず、『ヨハネのアポクリュフォン』からの抜粋です。

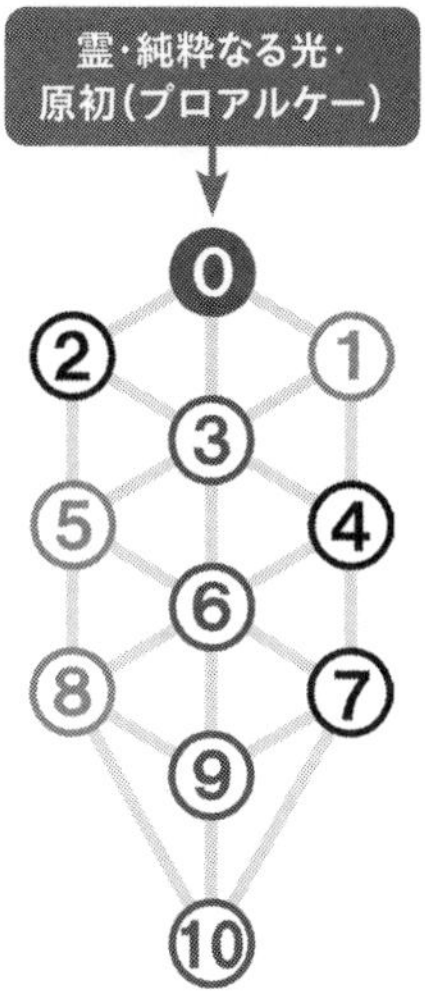

それは真の神、万物の父、聖なる霊［⓪］、万物の上に在って見えざる者［⓪］、不滅性の中に在る者、純粋なる光――すなわち、いかなる視力でも見つめることができない［⓪］ほどの光――の中に在る者である。
彼、すなわち霊［⓪］を神であると考えるのも［中略］適当ではない。［中略］
彼は限定不可能［⓪］である。［中略］
彼は永遠なる者であり、永久に存在［⓪］する。［中略］
彼はその名前を呼ぶことのできない者［⓪］である。［中略］
彼はどの位の大きさと言えるような者ではない［⓪］。

（『ヨハネのアポクリュフォン』§6－8）[44]

「霊」は、「見えざる者、限定できないので名前を付けられず、計測することもできない者、時間を超越した永遠の存在、純粋なる光」として描かれています。
数秘的には「0」に相当すると考えるのが自然でしょう。

◆プロアルケー(原初)・ビュトス(深淵)

司教エイレナイオスの報告文書『異端反駁』においては、プトレマイオス派の人々が「原初」「原父」「深淵」なる存在を崇めていたことが語られています。

プトレマイオス派の者たちは、不可視で名付けることのできない高みには、完全なアイオーン［神的存在］なるものが先住したと言い、これをプロアルケー（ギリシア語で「原初」の意）［⓪］とも、プロパトール（原父）とも、ビュトス（深淵）［⓪］とも呼ぶのである。
それは把握不可能で不可視［⓪］、永続的で生まれざるものであって、無限の世において、大いなる静寂と静穏のうちにあり

（『異端反駁』第一巻一章(45)）

「プロアルケー（原初）」や「ビュトス（深淵）」は、『ヨハネのアポクリュフォン』における「霊」と同一の存在といってよいでしょう。

「深淵」とは、物質世界・人間界からは「深い淵に隠れていて見えない」存在であり、「セフィラ⑩＝地球」から見て「最奥部」に位置することを示しているのです。

1 至高神・叡知・初め「①」

◆自分自身の像を見る者

「霊」の次に登場するのは、「至高神」です。

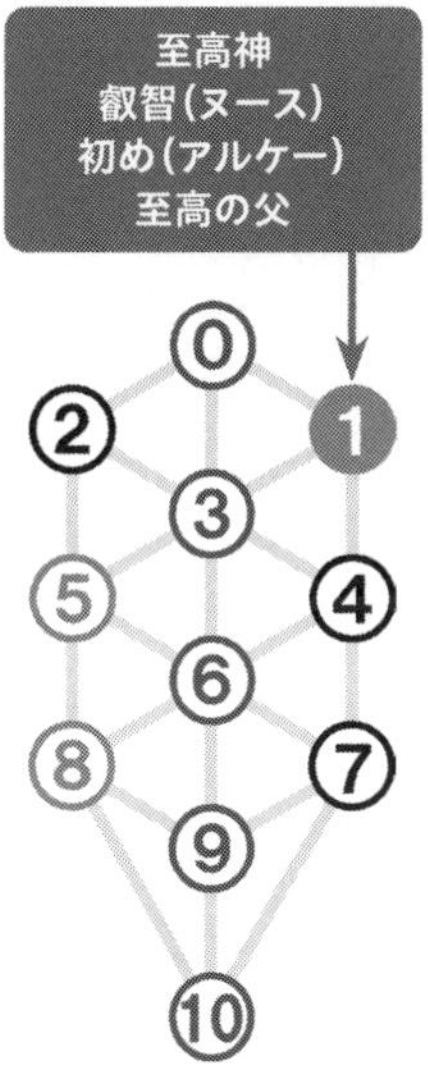

彼（至高神）［①］は自分を取り囲んだ彼自身の光［⓪］の中で自分自身を把捉する者［中略］である。［中略］

彼【①】は自分を取り巻く純粋な光【⓪】の水の中に自分自身【①】の像を見た
（『ヨハネのアポクリュフォン』§12）[46]

至高神とは、「光の水に映る自分自身の像を見る者」のことです。
彼は、自分のほかには誰もいない「至高の存在」なので、誰からも見てもらえない。
つまり、「自分自身の像を見る者」というわけです。

◆**万物の初め・ヌース（叡知）・独り子・パテール（父）**

『異端反駁』では、「至高神」は「ヌース（叡知）」「万物のアルケー（初め）」と呼ばれます。

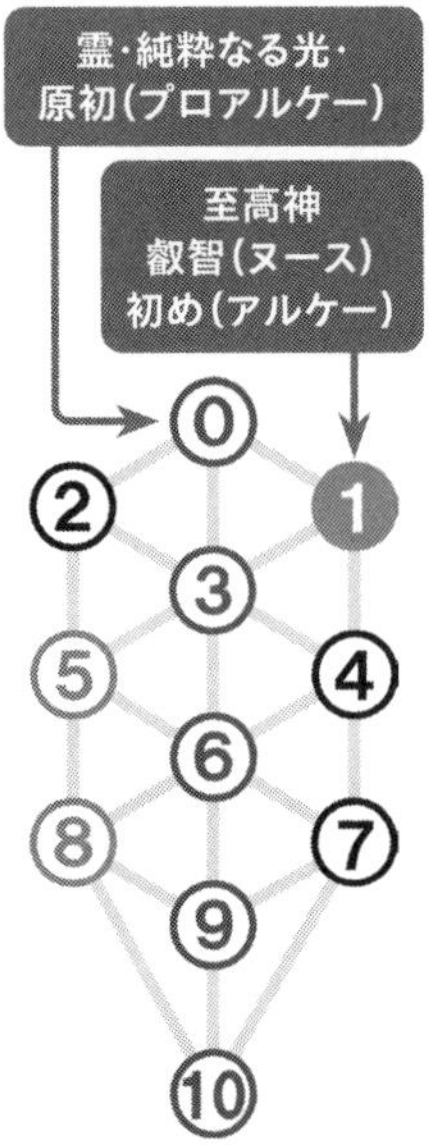

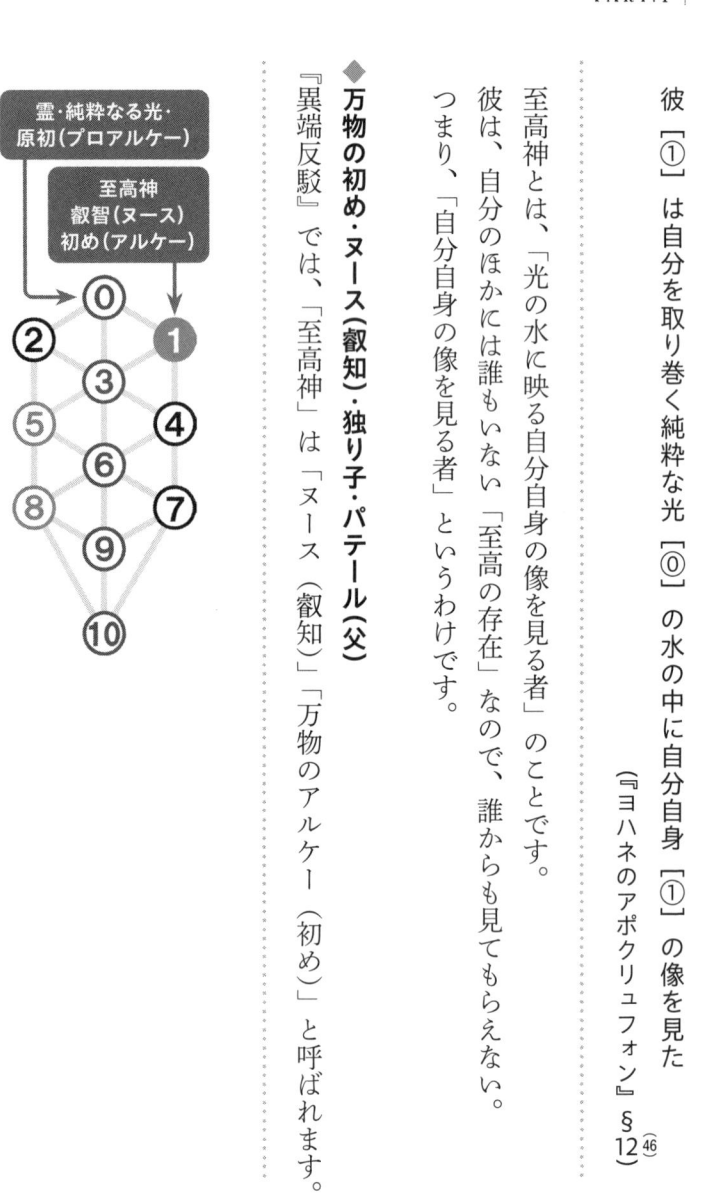

あるとき、このビュトス［深淵＝⓪］は万物の初め［①］を自分の中から流出しようと考えた。そして［中略］その流出を、自身と共に存在するシゲー［ビュトスのパートナー］に、ちょうど種子を胎《たい》の中に置くようにして置いた。
シゲーはその種子を受けて妊娠し、ヌース（叡知）［①］を生んだ。
彼［①］は自分を流出したもの［⓪］と類似しており、かつ等しく、彼［①］だけが父［⓪］の偉大さを捉えるのであった。［中略］
彼らはこのヌース［①］をモノゲネース（独り子）［①］とも、パテール（父）［①］とも、万物のアルケー（初め）［①］とも呼ぶ。

（『異端反駁』第一巻一章[47]）

「①」は「アルケー：初め（ἀρχή / Arkhe）」と呼ばれています。
これに対して、『異端反駁』「⓪」に登場した「プロアルケー：原初（προαρχή / Proarkhe）」は、「アルケー」に「先立つ：プロ（προ / pro）」という意味になります。

つまり、

- ⓪：プロアルケー（原初）
- ①：アルケー（初め）

という関係性が明示されているわけです。

「①」は、ピュタゴラス「数秘1」に相当すると考えられます。

「アルケー（初め）」といえば、そのまま「スタート」を意味するのですが、わざわざその前に「プロアルケー（原初）」が来ていることは、注目すべきポイントです！

なお、ビュトス（深淵）からヌース（叡知）が流出してくる様子は、ビュトスのパートナーである女性存在（シゲー）の妊娠・出産というかたちをとって描かれています。

この点は、「救済神話」の理解に不要なので、解説は割愛します。

2 バルベーロー・思考・第一の人間「②」

◆思考・プロノイア（先慮）・バルベーロー・第一の人間

次なる登場は、「バルベーロー」です。
「至高神」の「思考」として、「純粋な光の水」から現れ出ます。

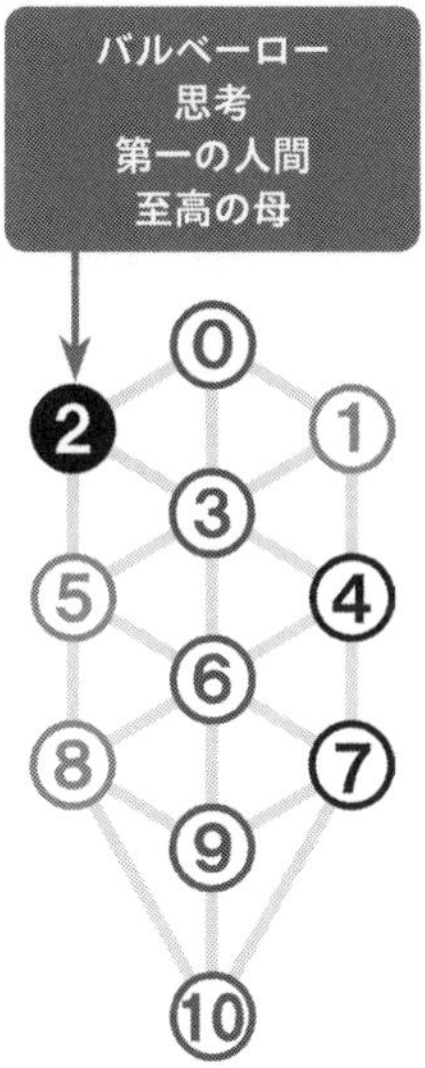

彼［①］は自分を取り巻く純粋な光［⓪］の水の中に自分自身［①］の像を見たとき、それを認識した。すると彼の「思考」［②］が活発になって現れ出た。［中略］
この今や現れ出たものが万物に先立つ力であり、万物の完全なる「プロノイア」（先慮）［②］、光、光の似像、見えざる者［⓪・①］の影像である。

それは完全なる力、バルベーロー［②］［中略］、栄光の完全なるアイオーン［神的存在］である。

彼女［②］は彼［⓪・①］を誉め讃えた。彼女は彼によって現れたからである。

そして彼女は彼を認識する。彼女は彼の最初の「思考」［②］、彼の影像である。

彼女は第一の人間［②］となった。


（『ヨハネのアポクリュフォン』§12、13(48)）


バルベーローは「彼女」となっているので、「女性的存在」として描かれていることが分かりますが、「第一の人間」という表現は、「両性具有」を想起させます。

また、「第一の人間」という表現には、神話の終盤に登場する「アントローポス（原型人類）」や「初期人類アダム」とは異なる、という意図が込められています。

なお、「救済神話」において、霊・純粋なる光「⓪」と至高神「①」、至高神「①」と第一の人間「②」は、しばしば区別なしに語られます。

本書では、適宜［⓪・①］、［①・②］のように表記していきます。

◆「バルベーロー」の意味

「バルベーロー（Barbelo）」の語源は、〈コプト語［古代エジプト語］の動詞「berber」（「あふれる」または「沸騰する」）に関わる可能性があります(49)〉。

「光の水の中から『思考』が活発になって現れ出る」様子は、まさに、「あふれる」「沸騰する」という表現に適うものといえます。

3 ソフィア・知恵「③・⑩」

◆8柱の神々の流出

ここからは、いよいよ「救済神話」の主人公「ソフィア」が生まれてくるエピソードです。

バルベーロー［②］は「第一の認識」［＝予知・予見］を自分に与えてくれるようにと彼［⓪・①］に請い求めた。

彼はそれを承認した。

彼が承認したとき、「第一の認識」［＝予知・予見］が現れてきた。

至高神
↓
バルベーロー（思考）
↓
独り子 ↑↓ 第一の認識
叡智 ↑↓ 不滅性
意志 ↑↓ 永遠の生命
ロゴス ↑↓ 真理

（『ヨハネのアポクリュフォン』§14[50]）

バルベーローの請い求めは続き、至高神の承認によって、さらに7柱の神々が現れます。結果、現れた神々は、「第一の認識」を含め、次の8柱となります。それぞれ、日本語文献における呼び名とともに、英語版『ヨハネのアポクリュフォン』に登場する英語名と日本語訳を併記しました[51]。

- 第一の認識：Foreknowledge（予知・予見）
- 不滅性：Incorruptibility（不朽性）

- 永遠の生命：Everlasting Life（永遠の生命）
- 真理：Truth（真理）
- **独り子（アウトゲネース）**：Autogenesis（独り子）
- 叡知：Mind（精神）・Nous（叡知）
- 意志：Will（意志）
- ロゴス：Word（言葉）

◆12のアイオーンとソフィア

バルベーローの要請で現れた8柱の中の「独り子（アウトゲネース）」から、「四つの輝く者」と「12のアイオーン」が生まれます。

> 霊の神［⓪・①］によって、四つの輝く者が神的アウトゲネースから（現れてきた）。彼［⓪・①］はそれらが自分のそばに立つようにと注視した。
>
> （『ヨハネのアポクリュフォン』§23[52]）

独り子
（アウトゲネース）

第1の輝く者：恵み・真理・かたち
第2の輝く者：エピノイア・知覚・想起
第3の輝く者：賢明・愛・現象
第4の輝く者：完全・平安・ソフィア

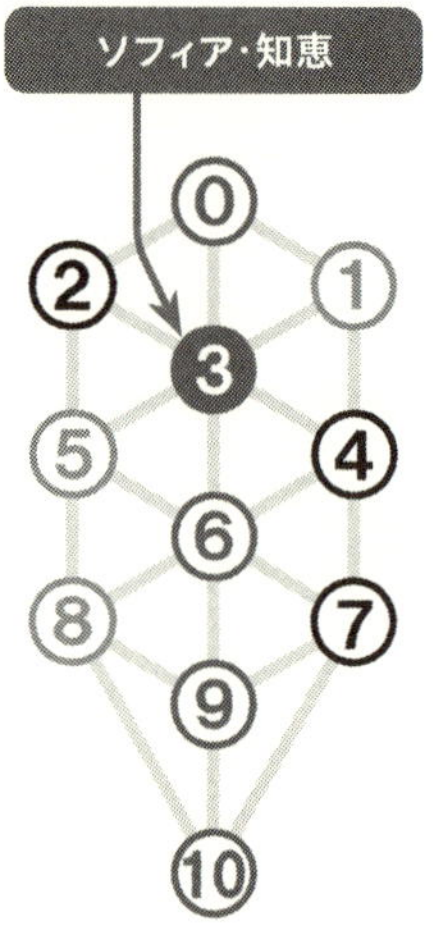

「四つの輝く者」とは、4柱のアイオーン（神的存在）のことで、それぞれのもとに3柱、計12のアイオーンが配置されています。

「12のアイオーン」の末端が「ソフィア」です。

- 第1の輝く者：「恵み」「真理」「かたち」
- 第2の輝く者：「エピノイア（配慮・熟慮）」「知覚」「想起」
- 第3の輝く者：「賢明」「愛」「現象」
- 第4の輝く者：「完全」「平安」「**ソフィア（知恵）**」「③」

本書では、末端に位置づけられている「ソフィア（知恵）」が、（12のアイオーンを代表して）セフィラ「③」に該当すると考えます。

一方、『異端反駁』では、ビュトス「⓪」、ヌース「①」以降、ヌースの妻アレーテイア「②」、ロゴス＝ゾーエー夫婦「③」、アントローポス＝エクレーシア夫婦が生み出される様子が描かれます。

そして、アントローポス＝エクレーシア夫婦から、6組のカップルが誕生します。

6組は、男女の神々12柱であるため、「十二個組」と呼ばれ、前出『ヨハネのアポクリュフォン』§23の「12のアイオーン」に相当し、その末子が「ソフィア（知恵）」です。

ビュトス＝エンノイア
｜
ヌース＝アレーテイア
｜
ロゴス＝ゾーエー
｜
アントローポス＝エクレーシア
｜
パラクレートス＝ピスティス
パトリコス＝エルピス
メートリコス＝アガペー
アエイヌース＝シュネシス
エクレーシアスティコス＝マカリオテース
テレートス＝ソフィア

彼［①］と共にアレーテイア（真理）［②］が流出された。［中略］モノゲネース（ヌース）［①］は［中略］、自分でもロゴス（言葉）とゾーエー（生命）［③］を、すなわち［中略］全プレーローマの初めであり、形成でもあるものを流出したと言う。

そして、そのロゴスとゾーエーからは、対の形で、アントローポス（人間）とエクレーシ

ア（教会）が流出される。［中略］

また、アントローポス（人間［原型人類］）は自分でもエクレーシア（教会）と共に十二のアイオーンを流出したと彼らは言い、それらに次の名を授けている。すなわち、「援《たす》け主（パラクレートス）」と「信仰（ピスティス）」、「父に属する者（パトリコス）」と「希望（エルピス）」、「母に属する者（メートリコス）」と「愛徳（アガペー）」、「永遠の叡智（アエイヌース）」と「理解（シュネシス）」、「教会に属する者（エクレーシアスティコス）」と「幸せ（マカリオテース）」、「欲せられた者（テレートス）」と「ソフィア（知恵）」［③］である。

（『異端反駁』第一巻一章[53]）

アントローポスは「私たち人類の祖型（祖先・原型）」である、という意味合いから、「原型人類」という註を加えました。

「アントローポス（原型人類）」は、「第一の人間＝②バルベーロー」とも、終盤に出てくる「初期人類アダム」とも異なります。

さて、長い血脈を挟んでいるものの、ソフィア（知恵）は、ロゴス（言葉）＝ゾーエー（生命）「③」の役割を引き継いでいます。

つまり、

● ロゴス（言葉）＝ゾーエー（生命）「③」

←

● ソフィア（知恵）「③」

ということになります。

◆ **ソフィアの熱情**

ここからは、ソフィアが「地球」になっていく場面です。

〈「地球は女性神である」と語る神話や土着伝承は決して珍しいわけではない(54)〉のですが、〈宇宙において女神がどのようにして地球という惑星体へと変化したのかを物語る神話は、グノーシス主義だけ(55)〉です。

まず、ソフィアが「ある熱い思い」を抱くシーンから始まります。

最後の最も若いアイオーン、すなわちソフィア［③］は行き過ぎた。すなわち、伴侶であるテレートス［中略］との抱擁なしにパトス（熱情）にとりつかれた。［中略］

そのパトスとは父［①］に向かう探究のことである。［中略］

ソフィア［③］は父［①］の偉大さを把握したいと欲していたのである。

しかし、彼女は［中略］自分の欲求を満たすことができなかった。

そして、父［①］の大きさと、探りがたさと、また彼に対する愛着のゆえに、ひどい苦悶《くもん》に陥り、絶えず自分を前へ伸ばそうとした。［中略］

さて、彼らはこの力を「境界」（ホロス）とも呼ぶが、ともかくこれによってソフィア［③］は制止され、固められた。

そしてようやくのことでわれに返り、父［①］が把握できない方であることを納得し、あの激しい驚きのあまり、それまでの思い［中略］を［中略］パトスと共に投げ捨てた

（『異端反駁』第一巻二章[56]）

テレートスという伴侶がいながら、「至高神に恋心を抱くソフィア」という話ですが、これは、「至高神が住むプレローマを自分も作ってみたい」という欲望の比喩表現でしょう。

プレローマ（神的世界）の「境界」を超えることは許されないという制約もあり、ソフィアの欲望は制止され、野望は断念されますが…

◆ソフィアの流出と、地球への変貌

一度は断念したソフィアですが、〈神的願望が極限まで高まった結果、彼女は銀河中心部から境界外へと流出[57]〉していきます。以下、〈プレローマ（宇宙中心あるいは銀河中心）から外界へと出て［中略］、地球という惑星に変貌した過程[58]〉の描写です。

姉妹、すなわち「知恵」（ソフィア）［③］は［中略］自分の内からある考えを抱くに至った。そして［中略］自分の中から自分の影像を出現させたいと欲した。霊［⓪・①］は彼女に同意も承認もしていなかったにもかかわらず［中略］。

彼女は賛同者を見出さないままに、すなわち霊［⓪・①］の同意がないまま、［中略］彼女の内にある情欲のゆえに流出した。

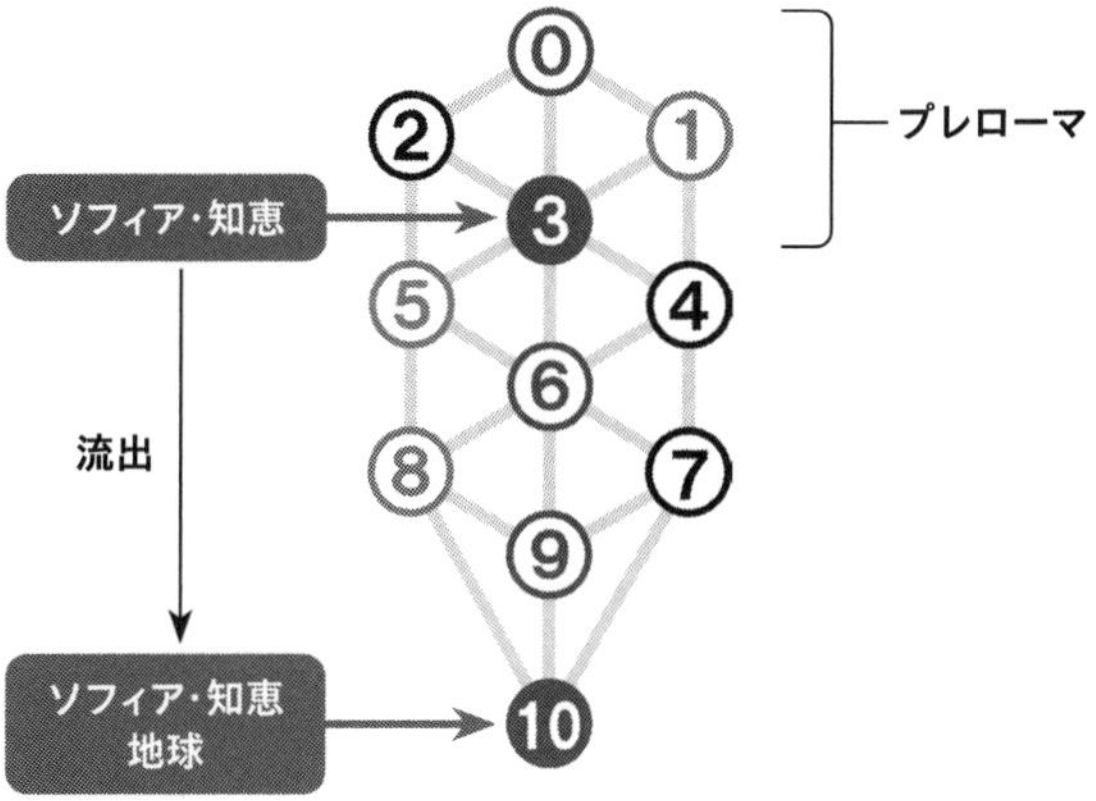

（『ヨハネのアポクリュフォン』§26[59]）

「自分の影像を出現させたい」というのは、「自らが惑星となって地球を出現させたい」ということです。

ソフィアは〈アントローポス〔原型人類〕の住む楽園を夢見て、自らの姿を地球へと変貌[60]〉させたいと願っていたのです。

◆ソフィアの流産(いびつな地球の生成)

ソフィア【③】は彼女の伴侶【テレートス】を得ないまま、ある業を遂げたいと欲した。そして彼女のその業は天に似たものとなった。

上なる天と下なるアイオーンの間には一つのカーテンがある。そして、そのカーテンの下に一つの陰が生じた。【中略】

彼女が造ったもの【⑩】は物質の中でまるで流産のような業となった。

(『アルコーンの本質』§22[61])

「彼女の業は天に似たものとなり」、ソフィアは地球へと変貌を果たしますが、思わぬアクシデントが起きてしまいます。

〈銀河中心から脱出した後、ソフィアは銀河星雲領域へと下降していった[62]〉のですが、途中にある〈空間は、物質的要素で満ちて[63]〉いました。

一方、ソフィアは〈プレローマから発せられた流体光《プラズマ》[64]〉であり、〈質量ゼロの超活性化力[65]〉なので、この領域を〈直接通り抜けることが不可能[66]〉です。

〈したがってソフィアがその領域に当たった瞬間、その衝撃で［中略］衝突部分が異常特性を持つに至った[67]〉のです。

〈この予期せぬ事態を、グノーシス主義は「エラー発生」と呼ぶ[68]〉ようです。

「上なる天と下なるアイオーン（神的存在）の間のカーテン」とは、「銀河中心界（プレローマ）と銀河境界外の間の幕＝境界」です。

銀河境界外は〈混沌の世界。そこには形あるものの秩序あるもの、命あるものは存在し得ない[69]〉のですが、〈アイオーン［ソフィア］の神力がぶつかった瞬間、そこには活性生命の「自己産出化《オートポイエーシス》」の力が作用したことで、「それ」は瞬時に組織化してしまった[70]〉のです。

「カーテンの下に一つの陰が生じた」とは、「境界領域において自己組織化が発生した」ことを意味します。

ソフィアはたしかに「地球=⑩」に変貌したのですが、番狂わせが生じ、〈異例のプレローマ光流の流出先が、現在の我々が住む場所そのもの〔⑩〕になった〉のです。[71]

『この世の起源について』という文書は、次のように描写します。

水のような実体が現れた。
そして、その中に含まれていたものが流れ出た。それはカオスの中に現れた。［中略］その時にピスティス（［中略］ソフィア［③］の別名）が到来した。
彼女［③］はカオスの物質［⑩］の上に、すなわち、生まれ損ないのように投げ捨てられた物質［⑩］の上に現れた。［中略］その生まれ損ないの中には霊［⓪・①］がなかった

（『この世の起源について』§7、8）[72]

4 造物神と物質世界「③④⑤⑥⑦⑧⑨」

◆アルコン、ヤルダバオートの生成

ソフィアは「いびつな地球＝⑩」になってしまいましたが、〈そこへやって来た部外者がアルコン〉です。(73)

そして、アルコンの筆頭として「ヤルダバオート」が登場します。

『この世の起源について』では次のような記述が続きます。

ピスティス【③】は、自分の過ちから生じたこと【⑩】を見たとき動揺した。その動揺がある恐れの業を明るみに出した。

それ【⑩】はカオスの中へ逃げ込んだが、彼女【③】はそれ【⑩】に向かって近づいて行った。あらゆる天の下方にある奈落で、その顔に息を吹き付けるためであった。

だが、霊を欠いたそれ【⑩】が一つの形を取って、物質とあらゆる諸力たちの上に君臨するようになることをピスティス・ソフィア【③】が望んだとき、まず一人のアルコーン（＝

支配者）が水から現れてきた。

彼はライオンに似て、しかも男女《おめ》であり、ある大いなる権能を［中略］持っていたが、自分がどこから生じてきたのかを知らなかった。

さて、ピスティス・ソフィア［③］は水の底に彼が動くのを見たとき、彼に「若者よ、こちらの場所に渡って来なさい！」と言った。この意味を解けば、「ヤルダバオート」である。

（『この世の起源について』§9、10[74]）


「アルコン（ἄρχων）」は、「アルケー：始原（ἀρχή）」と同じ語源のギリシャ語で、〈支配者とか第一人者という意味であり、物質界が最初に作られた時から存在して[75]〉います。

〈「誰よりも早く生まれた」という意味[76]〉だとすると、アルコンの出現は、〈意図せぬ早産であったという意味[77]〉と捉えられます。

〈この異常種はソフィアが自らの体である神聖物質を変化させて地球へ変身する前に、物質界に出現して[78]〉しまいました。


アルコンは、自分がどこから生じてきたのかを知らない「部外者」。

一方、〈「ヤルダバオート（*YAL-dah-BUY-ot*）」これはアラム語の造語で、「外部空間を渡り来し者」の意味[79]〉なので、まさに「部外者アルコン」の別称としてピッタリです。〈「ヤルダ」がシリア語の「若者」、「バオート」が同じシリア語の動詞「渡る」の命令形に発音が近いことに基づく語呂合わせ[80]〉という説もあります。

『ヨハネのアポクリュフォン』では、次のようになっています。

ソフィア【③】の考えは無為のままでいることができなかった。彼女【③】の業《わざ》が現れ出た。それは不完全で醜悪な外貌をしていた。というのも彼女は伴侶なしにそれを作り出したからである。【中略】その外貌は【中略】蛇とライオンの外貌を呈していた【中略】彼女はそれを自分のそばから投げ捨てた。かの場所から外へ。【中略】そして、彼女は彼をヤルダバオートと名付けた。

（『ヨハネのアポクリュフォン』§27、28[81]）

◆造物神(ヤルダバオート)による宇宙の創造

ヤルダバオートは、ソフィアの変身によってできた「地球＝⑩」を離れ、自ら「造物神」となります。

そして、ソフィアから引き継いだ神的力を利用しつつ、自らの部下を動員して、地球上空に「7層の蒼穹（＝天蓋)」を構築するのです。

第一のアルコーン［ヤルダバオート］は母親のソフィア［③］から多くの神的力を引き継いでいた。彼は彼女［③］から遠ざかり、自分が生まれた場所［地球＝⑩］を離れ、それとは別の場所を手に入れた。

彼は自分のために一つのアイオーン（＝世界）を造り出した。

それは光り輝く火のように燃えていて、彼は今なおそこにいる［中略］

そして第一のアルコーン［ヤルダバオート］は、七人の王たち［③~⑨］が天を［中略］支配することに定めた。［中略］

これらの者たちは天ごとに蒼穹を持ち、太初から存在するアイオーン（＝プレーローマ）の形に従い、不朽なる者たち（＝プレーローマの神々）の範型に従ってアイオーン（＝世界）を持っている。

（『ヨハネのアポクリュフォン』§29、33、39[82]

造物神（ヤルダバオート）は「デミウルゴス」とも呼ばれ、ユダヤ教の創造神「ヤハウェ」に相当し、〈地球以外の七つの惑星の神々[83]〉を支配しています。

これらの惑星は〈宇宙的秩序の線から脱線した「宇宙的ミス」として発現[84]〉したもので、〈ギリシャ語では「道に迷う（plane）」という単語が充てがわれる[85]〉存在です。

まさに「惑星：プラネット（planet）」は、「道に迷った星」なのです。

そして、ヤルダバオートが配置した「七人の王たち」と「7層の蒼穹」は、「生命の木」の7セフィラ（③〜⑨）に対応します。

これで、⓪から⑩の全セフィラが出揃い、次のような配置が完成したことになります。

- ⓪①②は、神性が充溢したプレローマに存在
- ③は、プレローマから流出・下降して地球⑩に変身（異常発生）
- 新たな③、および、④〜⑨は、ヤルダバオートが支配する宇宙に七惑星（＝7層の蒼穹）として配置

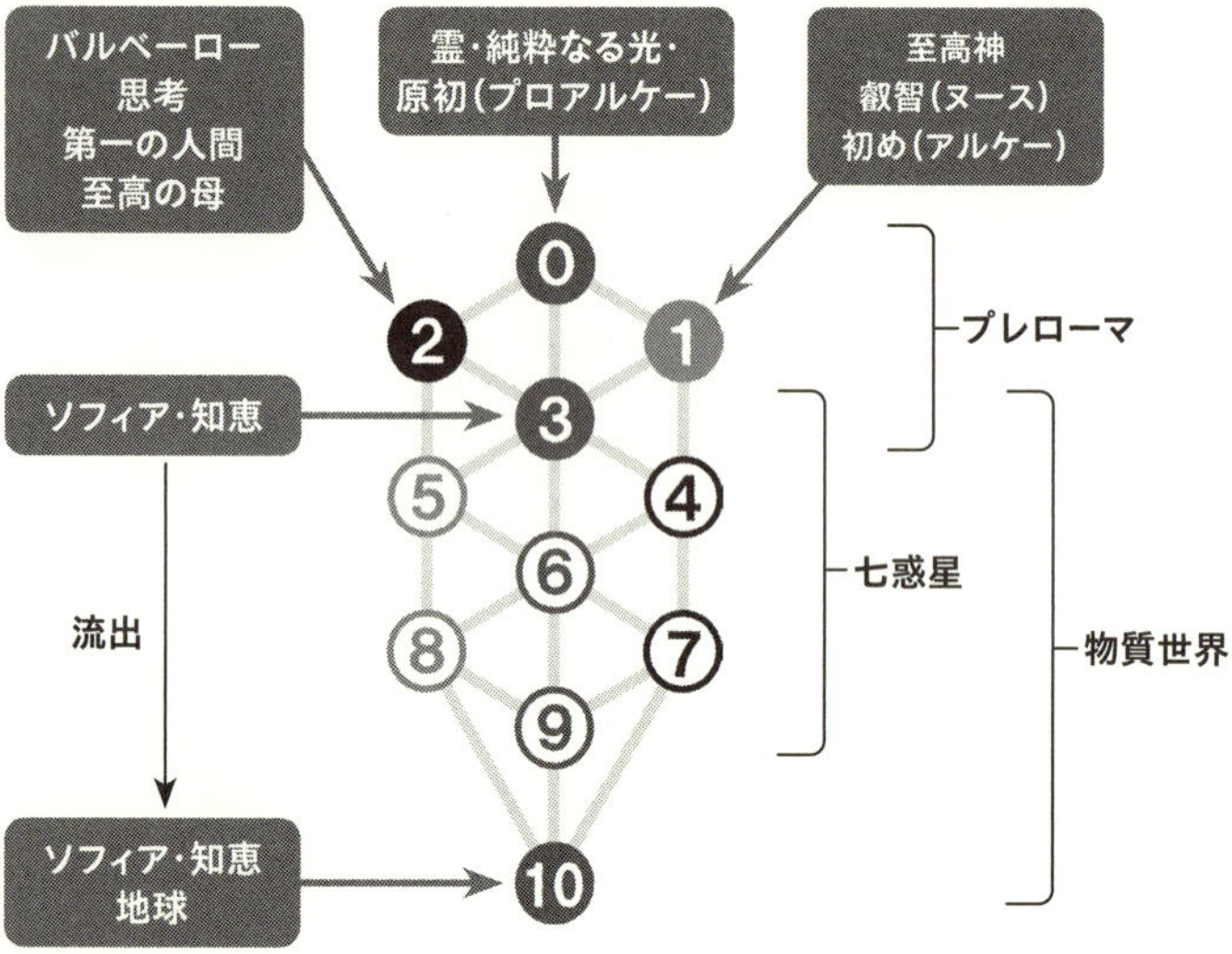
バルベーロー
思考
第一の人間
至高の母
霊・純粋なる光・
原初(プロアルケー)
至高神
叡智(ヌース)
初め(アルケー)
0
1
2
3
4
5
6
7
8
9
10
プレローマ
ソフィア・知恵
七惑星
流出
物質世界
ソフィア・知恵
地球

ヤルダバオートは異常種であり部外者、つまり偽物の造物神です。したがって、その被創造物である宇宙（③〜⑨）も偽物です。

その宇宙は〈プレローマのような超生命力に溢れた場所ではなく、無活性の化石のような場所で［中略］そこには何の生命流もなく、全てが沈み澱んでいる[86]〉のです。

当然、〈アルコンの造りし宇宙は、人間の生存には適さない世界[87]〉です。

ヤルダバオートをはじめ〈アルコンたちは惑星系という居城を造る際に、プレローマ［中略］を模造した[88]〉のですが、〈出来上がったものはただ機械的に、プログラムで命令した通りに延々と動き続けるだけの、無機質な天体系[89]〉でした。

つまり、〈地球は惑星系に属しているのではなく、単に偽の惑星系の中に取り込まれているだけ[90]〉なのです。

◆ヤルダバオートの慢心

ヤルダバオートは、「私の他に神はない」という言葉を発し、「自分が偽物である＝他に神がいる」ことを自ら暴露してしまいます。

ヤルダバオートは自分の下なる被造物と彼に従う天使たちの群［③～⑨］、すなわち、彼によって在るようになった者たちを見た。

そして彼らにこう言った。「私は妬む神である。私の他に神はない」［中略］

こう言ったことによってすでに彼は、彼に従う天使たちに向かって、彼より他に神がいることを思わず漏らしてしまったのである。

なぜなら、もし他に神がいないのならば、彼は一体誰に対して妬むというのか。

（『ヨハネのアポクリュフォン』§41[91]）

「私は妬む神である」は、旧約聖書『出エジプト記』20章、「私の他に神はない」は、旧約聖書『イザヤ書』45章などに登場するフレーズです。

◆ヤルダバオートの無知

『ヨハネのアポクリュフォン』では、ヤルダバオートは自らが偽物であることを知っている「確信犯」となっていますが、『異端反駁』では、「無知で思い上がり」の存在として描かれています。

これらのものをデーミウールゴス［ヤルダバオート］はことごとく自分で造り上げたものと思ったが、［中略］彼は天を知らずして天を作成し、人間を知らずして人間を形成し、地を知悉《ちしつ》せずして地を現した。
そして、すべてについてこのように自分が作成したものの原型（イデア）［①・②］にも、母そのもの［③］にも無知であり、自分だけがすべてであると思ったのである。
（『異端反駁』第一巻五章(92)）

ヤルダバオートが「人間を形成」するのは、この次の場面です。

5 人類創成

ここからは、「地球人類」の創生シーンです。

造物神（ヤルダバオート・アルコン）勢力と、プレローマ（至高神「①」・バルベーロー「②」）勢力の攻防が描かれます。

まずは、窮地に立つソフィアを救うために、至高神・バルベーローが自己を開示します。

◆至高神・バルベーローの自己啓示

一つの声がソフィア［③］のもとに届いた、『人間』［①］と『人間の子』［②］が存在する」と。

ところがこれを第一のアルコーン・ヤルダバオートが聞いた。

彼はその声が高きところからやってきたものだとは考えなかった。

聖なる完全なる父［①］が第一の人間［②］として人間の姿で自分を彼ら［アルコーン・ヤルダバオート］に教えた。

至福なる方［①・②］が自分の外見を彼らに現したのである。

（『ヨハネのアポクリュフォン』§45[93]）

◆造物神による「人間」の創造

造物神勢力は、開示された至高神・バルベーローの姿に似せて「人間」を造り、彼を「アダム」と名付けます。

七つの権力のアルコーンたち［③～⑨］全体が首を垂れて、下方の暗黒の水の中にその像［①・②］のかたちが映り輝いているのを見た。
彼らは互いに言った、「われわれは神の像と外見に従って人間を造ろう」［中略］
彼らは一つのこしらえものを造り上げた。
そして、［中略］人間の心魂のためにしるしと能力を造り出した。
勢力たち［③～⑨］は［中略］太初から存在する方、すなわち完全なる人間［①・②］を模倣しつつ造った。［中略］
「彼をアダムと名付けよう。彼の名前と力とがわれわれにとって光となるように」。［中略］
ところが、アダムは長い間動けないままだった。

(『ヨハネのアポクリュフォン』§46、47、54[94])

「われわれは神の像と外見に従って人間を造ろう」というフレーズは、旧約聖書『創世記』1章26節に登場します。

◆ヤルダバオートの霊力がアダムへ移行

ソフィアの霊力は、ヤルダバオートに受け継がれていましたが、至高神は、その霊力をアダムに移行させる作戦を実行します。

あの母親（ソフィア）［③］は自分の多情さからあのアルコーンに引き渡してしまう結果となった力［中略］を、もう一度取り戻したいと思った。

彼女［③］は［中略］万物の父［⓪・①］、すなわち憐れみに富む方、光の神［⓪・①］に願い求めた。

彼［⓪・①］は聖なる決定に基づいて、アウトゲネース［中略］と四つの光を第一のアルコーンの天使［③〜⑨］に変装させて送り出した。

彼らは第一のアルコーン［ヤルダバオート］に助言した。

しかし、それは他でもない彼［ヤルダバオート］の中からあの母親［③］の力を抜き取るためであった。

すなわち彼らは彼［ヤルダバオート］にこう言った、「あなたの中にある息をアダムの顔に吹き込みなさい。そうすればこの物は立ち上がるでしょう」。

そこで彼はアダムに自分の気息を——これは母親［③］に由来するあの力のことである——その身体の中に吹き込んだ。

するとその瞬間にアダムは動いた。

（『ヨハネのアポクリュフォン』§55[95]）

至高神の作戦は成功し、アダムはソフィアの霊力を得て動きます。

◆アダムが物質界の底へ拉致される

動き出したアダムを妬んだアルコンたちは、アダムを拉致します。

すると直ちに他の諸力［アルコン］も妬み始めた。

なぜなら、アダムは［中略］七つの諸力［アルコン（③〜⑨）］の心魂とそれらの力をもらった者であるにもかかわらず、アダムの知力は彼らすべてよりも、また、プロートアルコーン（造物神ヤルダバオート）よりも強大になったからである。

さらに彼らはアダムが自分たちよりも賢く、悪から自由であること、また、光の側に移ってしまっていることに気付いた。

彼らは彼を捕らえると、物質界全体の底の部分へと引きずって行った。

（『ヨハネのアポクリュフォン』§56[96]）

◆人類の潜在能力「エピノイア」

アルコンたちに拉致されたアダムを救済するべく、至高神は「光のエピノイア」という霊を、ソフィアの支援者として送り込みます。


至福なる父［①］は［中略］プロートアルコーンから今や引き抜かれてしまったあの母親［③］の力を憐れんだ。

彼はその力があの［アダムの］身体の上に支配するものとなることを望んだ。

彼［①］は善なる、憐れみに富む霊を送った。

それは物質界へ最初に下って、アダムと名付けられた者を助ける者であった。それは光のエピノイア［想像力］であり、［中略］彼女こそは全被造物［地球・人間］に働きかける者である。

被造物と共に労苦して、それ本来の神殿（プレーローマ）へと立て起こし、かつてその欠乏が生じてきた理由について説き明かし、その再び昇ってゆくべき道を示すことによって。

そして、光のエピノイア［想像力］はアダムの中に隠れていた。

それはアルコーンたちが気付かず、むしろわれわれの姉妹、われわれに等しい知恵（ソフィア）［③］が、光のエピノイアによって、自分のかつての過失を正すためであった。

かの人間（アダム）は彼の中に在る光の影のゆえに光り輝いた。

彼の思考は彼を造った者たち［アルコンたち］よりも高まった。


（『ヨハネのアポクリュフォン』§57、58[97]）

じつは、「霊＝光のエピノイア」は、物質界ができる最初の段階に、至高神によって送り込まれていました。

ソフィアは地球に変身するも、彼女自身の過失によって地球は異常種となり、副産物としてアルコンやヤルダバオートが生まれ、物質界（七惑星）が構築され、最後に初期人類アダムが造られる…。

至高神の側はこうした一連の異常事態を予見しており、「ソフィアがエラーを修正」できるように、あらかじめ対策を講じていたわけです。

では、至高神の側は、どうしてこれらを「予見」できたのか？

じつは、至高神の妻バルベーローが、「第一の認識」を自分に与えてくれるようにと、夫に請い求めています（page 041-042）。

「第一の認識（Foreknowledge）」が「予知・予見」なのです。

彼らが「予見」して打った対策が「霊＝光のエピノイア」で、それは「初期人類アダムの中に潜在能力として隠されて」いました。

ソフィアは、アルコンたちが気付かぬうちに、アダムの「霊＝光のエピノイア」を活性化させ、アダムは光り輝きます。

◆肉体を着せられるアダム

光り輝やくアダムに対して、アルコンたちはなおも抵抗します。


諸力［アルコンたち（③～⑨）］は再び下を眺め、その人間［アダム］が彼ら［アルコンたち］よりも高くなったのを見た。

彼らは自分たちに属する全天使の群、および彼らのその他の勢力たちと協議をこらした。

すると火と土が水および炎と互いに混じり合った。

それらは［中略］互いに結合し合いながら、大いなる震動を巻き起こした。

そして彼らはアダムを死の影の中へ連れ込んだ。

彼らはそこで再びまた別のこしらえものを、土と水と火と風から造り出した。

とはすなわち、物質、暗闇、欲望、反逆の霊から。

これこそ、鎖であり、身体のこしらえものにとっての墓であり、人間の上に着せ付けられて、物質への鎖となったものである。

これこそ最初に下降してきた最初の分裂である。


（『ヨハネのアポクリュフォン』§58[98]）

「分裂」とは、エピノイアから引き継いだ「神的な本質」と、ヤルダバオートらによって造られた「心魂的・物質的身体」とに分裂している初期人類アダムの状態を指しています。

一方、そうした悪だくみに対して、至高神が人類に与えた潜在能力「霊＝光のエピノイア」を活性化させ、「いびつな地球と人類」を正常化する「救世主」がソフィアです。〈エピノイアとは想像力のこと(99)〉で、〈人間特有の天賦の才(100)〉でもあります。

ソフィアは〈神性充満《プレローマ》から人類の輝かしい未来を夢見て、宇宙の中心から飛び出し［中略］私たち自身が彼女の想像通りの姿になれるよう、彼女は私たちの生きる世界になる(101)〉のです。

- 私たち人類が、ソフィアの想像通りの輝かしい姿になる
- ソフィアは、人類の生きる本来の地球になる

これは、人類とソフィアが「共進化」していくことを表しています。

6 人類のミッション：共進化

◆グノーシス主義のルーツは「女神信仰」

前述（page 022）のように、「グノーシス主義の時代は1世紀から4世紀」ですが、そのルーツについては〈G・R・S・ミード著の『忘れられた信仰の断片』の紹介文で、詩人で文化評論家のケネス・レックスロスが、グノーシス主義は新石器時代よりはるか以前の古代ヨーロッパで信仰され続けていた女神信仰の分派であると提唱している[102]〉ほか、〈「土着女神信仰のシャーマニズム」を母体にして自然発生した教えである[103]〉という説もあります。

古代ヨーロッパ（＝エウロパ）の地では、女神信仰をもとにした母権体制が維持されており、〈大いなる母神《マグナ・マーテル》に仕える女神の化身[104]〉として「巫女」が存在し、部族の〈王は巫女との神聖な交わりによって王権を与えられて[105]〉いました。

グノーシス派は、「大いなる母神《マグナ・マーテル》」を「ソフィア＝③」として崇め、「地球＝⑩」という〈大地は女神が具現化したもの[106]〉とし、グノーシスの〈すべての秘儀は、この神性「マグ

【10】大地母神キュベレー

【11】03 女帝

ナ・マーテル」という太母に捧げられた[107]〉のです。

ラテン語「マグナ・マーテル（Magna Mater）」は、英語で「グレート・マザー（Great Mother）」、日本語では「大地母神《だいちぼしん》」といいます。

マルセイユ・タロットでは「03 女帝」として現れます。

これらは、ジェームズ・ラブロック（1919－2022）が提唱する「ガイア理論」の超生命体「ガイア（Gaia）」に相当します。

◆父権制と一神教

しかし、〈インド・ヨーロッパ語族がエウロパを侵略し始めた紀元前4200年頃から男性優位な時代に徐々に傾き始め[108]〉、一神教（ユダヤ教、キリスト教）が浸透する頃には、すっかり父権制社会となってしまいます。

ターニングポイントの〈始まりは6000年前。おそらく北アフリカと近東で起きた気候

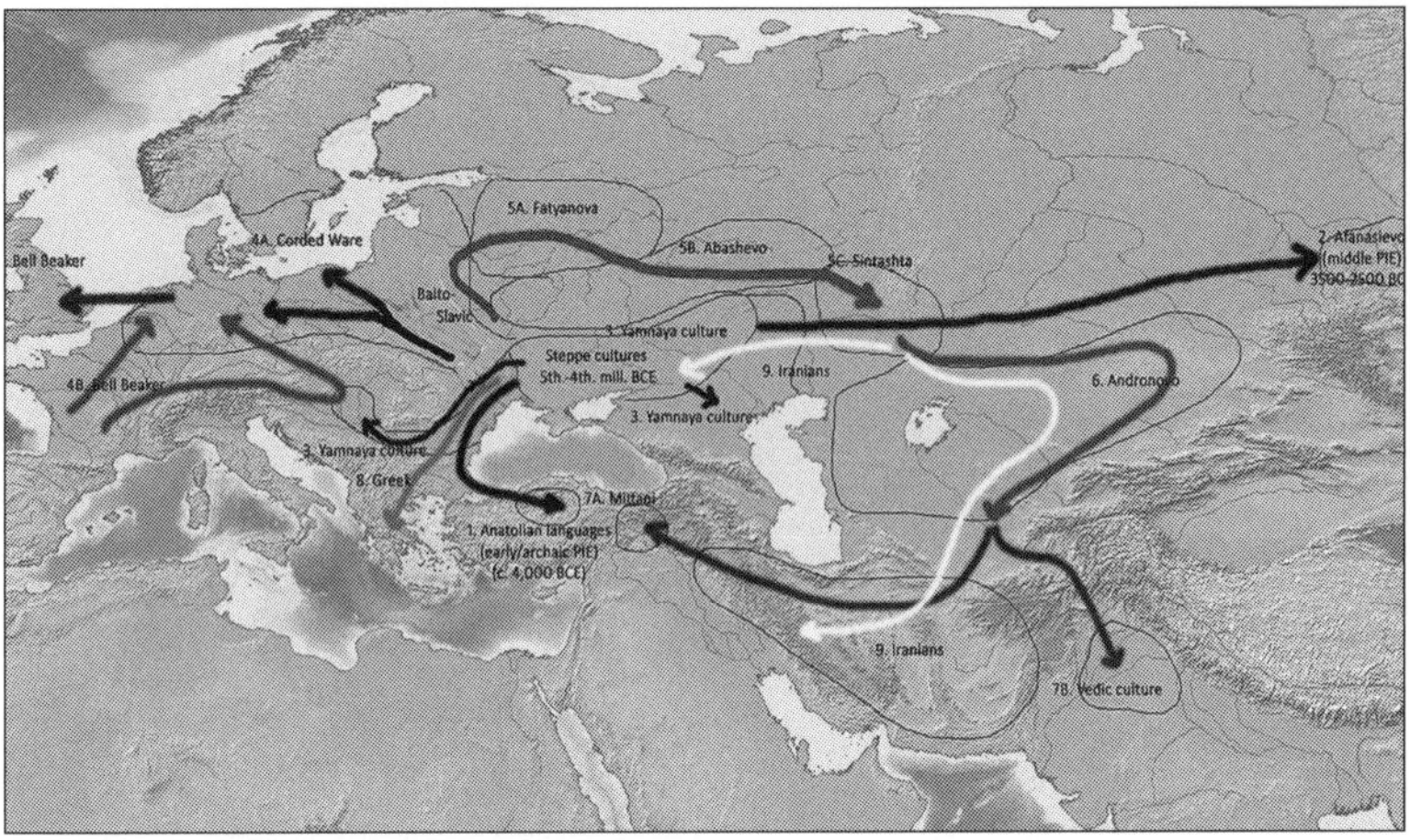

【12】インド・ヨーロッパ語族の移動

大異変による大災害が引き金となって、女神を抑圧する一神教が興った〉[109]のです。

◆「救済神話」が書かれた背景

グノーシス派は「七惑星・地球・人類創成の秘密」を超古代から継承していたと思われますが、2世紀から4世紀にかけて『ヨハネのアポクリュフォン』などが書かれた直接的な背景としては、右のような人類史上の大事件が横たわっています。「父権制と一神教」という脅威を目の前にして、グノーシス派の人々は、これらに対抗する叡智を「救済神話」に込めたのでしょう。

救済神話では、「ソフィア＝③」は「地球＝⑩」に変身するものの、彼女が犯したミスによって、「悪性の造物神と闇の勢力」が発生。

そして、地球は造物神らに「背乗り・侵略された」だけでなく、その干渉によって創成期の人類に「霊性・物質の分裂」が生じてしまいます。

◆人類のミッションは「ソフィアとの共進化」

その「侵略・分裂」を乗り越えることが「人類のミッション」です。

大事なのは、〈全能の神が人類の罪を背負ってくれる〉[110]、つまり、〈宇宙のどこか遠く離れた惑星の彼方にある、高次の力がいつか我々を救いに来てくれる〉[111]といった一神教的な教えにすがるのではなく、私たち自身が思考・行動するということです。

そのための第一歩は、〈自らの体が物質界のみに属するという幻想の殻を破る〉[112]こと。

物質的〈肉体はいま焦点を当てている次元における体の中心ではあるが、それが自分の体の全てではない。実体は静的ではなく、個と環境は動的関係にある〉[113]ことを認識するのです。

〈自分という存在が個ではなく全、すなわちもっと大きな存在〉[114]であるという認識です。

次に、「ソフィア＝地球＝ガイア」と「共進化」すること。

「悪性の造物神と闇の勢力」の侵略から逃れるために、私たち「人類」が「ソフィア＝地球＝ガイア」と共闘するということです。

そうすることによって、人類もソフィアも「共に進化」していくことができます。

〈人間と自然界の生きる叡智《ソフィア》との「共進化」(115)〉のことを、錬金術では「大いなる業（The Great Work）」といいます。

人類は、〈地球と共生し、［中略］知的生命体である地球がどのように機能するかを知る［＝グノーシス］(116)〉のです。

これは、〈地球になる前のソフィアの冒険を人間が地上で再現(117)〉することにほかならず、〈その教え［グノーシス］を愛し、新発見をし、生命圏が発現する「神の錬金術」の全容を描き出せるようになっていく(118)〉ことが、私たちの使命です。

一方、ソフィアの方は、人類の助けを借りてミスを「修正」し、〈女神［ソフィア］の起源である宇宙の中心［中略］「本源《ソース》」［⓪］との再接続(119)〉を果たすことになります。

人類とソフィアの「共進化」こそ、〈グノーシス主義の教えの核心[120]〉なのです。

③【種子】――カバラ「生命の木」のセフィラ

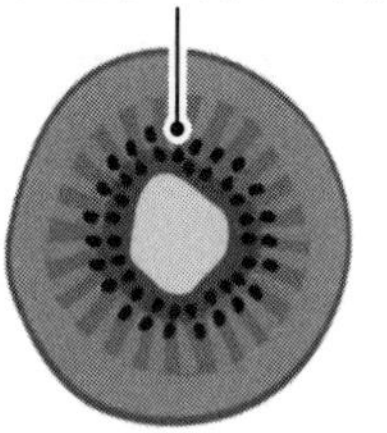

- 内果皮に包まれて「種子」があります。
- 種子に相当するのは、カバラ「生命の木」のセフィラ（10個の球）。
- 「内果皮＝グノーシス神話」のエキス（本質）に当たります。

1 カバラとは

◆カバラの起源と成立史

「カバラ（Kabbalah）」は、ヘブライ語で「受け取ったもの（＝啓示）」、つまり、「秘教・秘技」を意味し、一般的には、「ユダヤ教から派生した神秘思想」といわれています。

そこに書かれているのは、宇宙や世界はどうやってできたのか、人間は何のためにどのように作られたか、私たちの生きる意味は何なのか…など、根源的でディープな教義です。

〈伝説では、アブラハムがメルキゼデク〔旧約聖書に登場する祭司〕から伝授された天界の秘密だとも、モーセが律法（トーラー）〔中略〕に記し切れなかった部分を口伝として後世に伝えたもの(1)〉ともいわれています。

当初は、古代バビロニアで活動を展開しましたが、2世紀（120年頃）にアキバ・ベン・ヨセフ（50－135年頃）が『創造の書／形成の書』を著し、一般的にはこの書の成立が起源とされています。

より現実的なところを見ていくと、「カバラの成立は中世」で、次に示すように、12世紀後半のバビロニア、南フランス、そして、13世紀後半のスペインがその本拠地でした。最終的には、スペインで『セフェール・ハ・ゾーハル（光輝の書）』が書かれ、「生命の木」の創出とともに、思想が体系化されました。

それでは、中世におけるカバラ体系化の略歴を見ていきましょう。

【13】『清明の書／光明の書』

◆『清明の書／光明の書』(12世紀後半)

ヘブライ語で「セーフェル・ハ・バヒール」。〈今日の研究者たちがもっとも古いカバラー文献と考える文書[2]〉で、多数の文書から集められたテキストの集合体です。

ラビ、R・ネフニャ（１００年頃）の著作という設定がありますが、実際には、作者・成立年代は不詳。12世紀後半（１１７４年頃）、**南仏プロヴァンス**で出版され、現存する最古の写本は１２９８年のものとされています[3]。

この書は〈ヘブライ語とアラム語の混在で書かれており、[中略] その広範かつ神秘主義的な象徴主義は、カバラと、さらにカバラを通して、ユダヤ教に導入されました[4]〉。

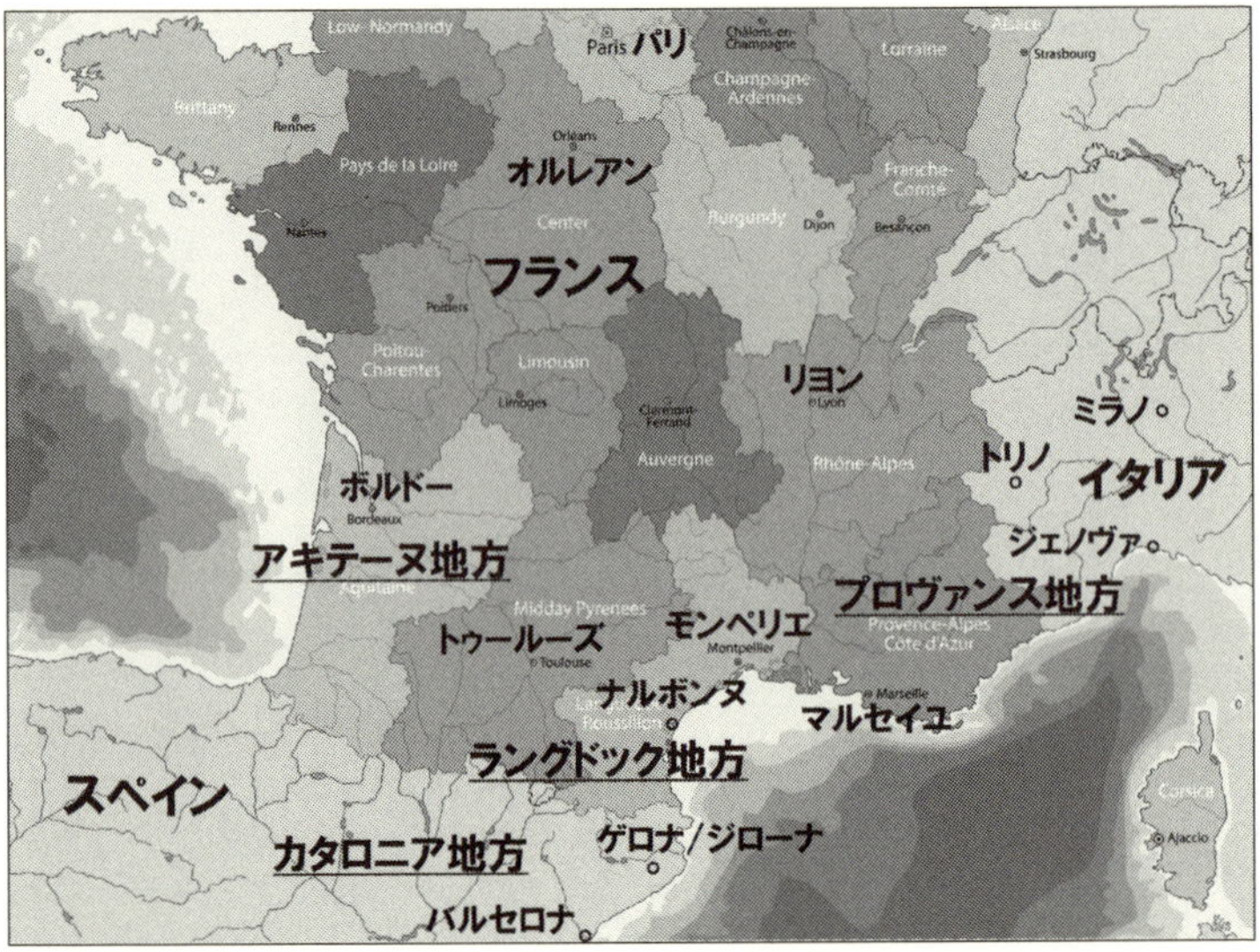

【14】南仏とスペイン・カタロニア地方

ここには、〈10の「神性の流出」についての最古の記述があり、これは、宇宙の創造・存続を神秘的な方法で象徴・説明しているといわれています。そして、10の「言」の現われは、3つの上部と7つの下部に分けられ、後にカバラにおいて「セフィラ（数）」として広く知られるようになりました[5]〉。

10の「神性の流出」については、〈「主の諸々の力は互いにつながり合い、樹木に似ている」（一一九節）と言われていることから、「生命の木の」イメージは『清明の書』が書かれた」一二世紀にまでさかのぼる[6]〉ことができます。

◆『創造の書／形成の書』（12世紀後半）

ヘブライ語で「セーフェル・イェツィラー」といい、〈十二世紀後半、バビロンの初期ゲオニーム時代[7]〉に成立し、13世紀前半にヨーロッパで発見されたとされています。

「ゲオニーム」は、ユダヤ教の聖典「タルムード」を教える学院の長を示す称号です。

『創造の書／形成の書』には、後に「生命の木」として表される「10のセフィラと22の小径」のコンセプトが語られています。

ちなみに、10のセフィラが語られるのは、この書が初めてです。

【15】『創造の書／形成の書』

この書の〈冒頭には、［旧約聖書の］創世記とはまったく異なる筆致で世界創造のプロセスがつづられて[8]〉います。

〈創造神は一〇個のセフィロート［セフィラ］と二二個のヘブライ文字によって世界を生み出したと[9]〉いい、その数は〈一〇本の指の数[10]〉と書かれています。

実際、セフィラという単語の〈ヘブライ語の語根

［語彙のうち、「意味」を表す最小単位］は、ふつう「語る」あるいは「数える」という意味[11]〉を持っています。

この書物が見つかったのは、**南仏ラングドック地方のナルボンヌ**。〈一二一七年頃、［中略］ナルボンヌはユダヤ文化の最盛期[12]〉を迎えており、〈タルムードに記述が認められるだけでその存在が疑われていた『創造の書』が突然出現し、盲人イサクらによって註解書の口述が開始された[13]〉のです。

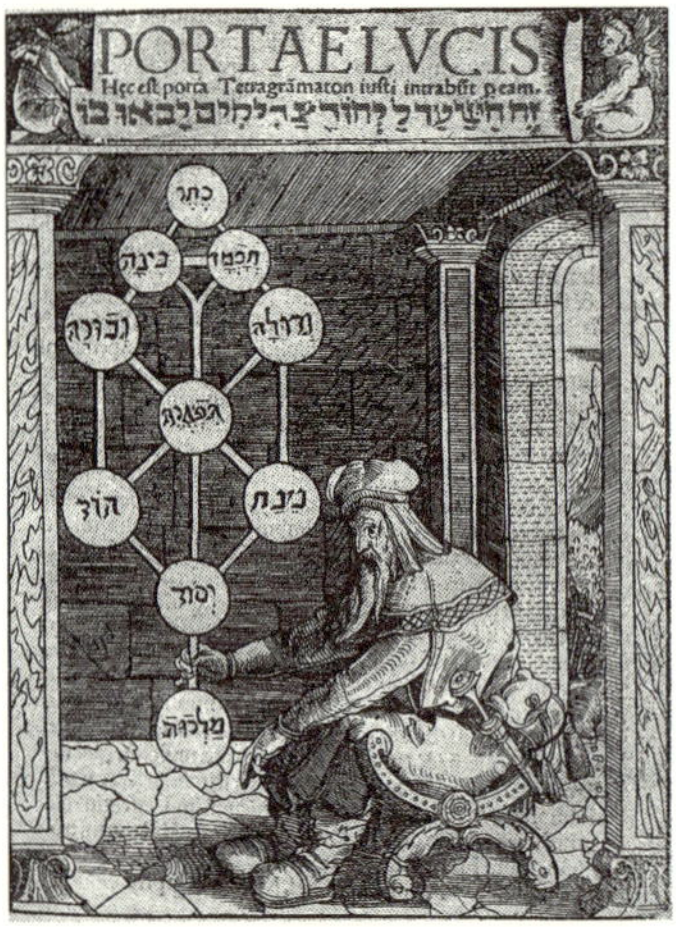

【16】ヨセフ・ギカティラ『光の門』表紙に描かれた盲人イサク

フランスの神秘家、盲人イサク（1160－1235）は、〈人間のような被造物にとっては［中略］思惟の及ばない究極的な思考[14]〉というものがあるといいます。

つまり、〈原初の知性[15]〉であり、〈神の領域に属する知性[16]〉です。

〈さらに彼は、超越的な神の思考の上に、「無限《エイン・ソーフ》」（*Ein Sof*）という認識不可能な万物

【17】『光輝の書』表紙

【18】『光輝の書』紙面

の淵源がある[17]〉と唱えました。

「無限（エイン・ソーフ）」は、「生命の木」において「セフィラ①」より上にある不可視の領域ですが、筆者が提唱する「新・生命の木」では「セフィラ⓪」がこれに相当すると考えます。

◆『光輝の書』（13世紀後半）

ヘブライ語で「セーフェル・ハ・ゾーハル」といい、13世紀後半に発見されました。

〈2世紀のタンナー［法学者］であるシモン・バル・ヨハイ（シメオン・ベン・ヨーハイ）の（講話記録形態の）編纂[18]〉という設定ですが、実際にはスペイン・カスティリア地方のラビ・モーシェ・デ・レオン（1250－1305）の創作とされています。

この書物が発見されたのは、〈一二八〇年から八六年にかけて、**スペイン北東部カタロニア地方の城塞都市ゲロナ**（Gerona）のユダヤ人居住区[19]においてです。

その中では〈セフィロートが神学のもっとも基本的なモチーフとして、繰り返しさまざまな表現によって描き出され[20]〉ています。

2 「生命の木」とセフィラ

◆「生命の木」

カバラを理解するカギとなるのは、秘教のエッセンスを凝縮した「生命の木」と呼ばれる象徴図形です。

その名の通り、樹木の形状をしており、「セフィラ（sephirah＝数）」と呼ばれる10個の「球」と、「パス（path）」と呼ばれる22本の「小径」で成り立っています。

背景には、「慈悲の柱」（右）、「峻厳の柱」（左）、「均衡の柱」（中）と呼ばれる3本の柱があり、セフィラはいずれかの柱に属しています。

なお、「生命の木」には、「セフィロト（sephiroth）」という別名がありますが、こちらは「セフィラ（sephirah）」の複数形で、「10個のセフィラ全体」を表していることになります。

ケテル/王冠
1
海王星
ビナー/理解
（至高の母）
3
土星
ホクマー/知恵
（至高の父）
2
天王星
ダアト/知識
冥王星
ゲブラー/強さ
5
火星
ケセド/慈悲
4
木星
ティファレト/美
6
太陽
ホド/栄光
8
水星
ネツァク/勝利
7
金星
イエソド/基礎
9
月
マルクト/王国
10
地球
峻厳の柱
均衡の柱
慈悲の柱

【19】「生命の木」

「生命の木」が表しているのは、カバラの世界観であり宇宙観。
至高神の教えが人間に伝えられていく様子が表現されています。

◆セフィラの名称・称号・象意

セフィラは、ヘブライ語の名称・称号と、象意を持ち、そこにはなんと、**至高神による世界創造の具体的なプロセス**が示されています！

次に示すのは、各セフィラの一般的な「名称／称号：象意」です。

①**ケテル**（Keter）／王冠（Crown）：純粋意識。この世界に霊性（＝神性・神の意志）が流れ出し、結晶化したもの。生まれてくるもの全ての種（潜在性・可能性）を含んでいる。

②**ホクマー**（Chokhmah）／知恵（Wisdom）：神に、閃き・直感・アイデアが生まれ、創造を始める。原初の男性原理・至高の父であり、力強く流れ出すエネルギー。

③**ビナー**（Binah）／理解（Understanding）：ホクマーのエネルギーを受け止める器。神の知識とアイデアを得て、人間が理解する。理解はコミュニケーション・表現力の要。受精

と生命誕生のプロセス。原初の女性原理・至高の母。

④**ケセド**（Chesed）／慈悲（Mercy）：神は、慈悲・寛容・無条件の愛で、全てをあるがままに受け入れ、創造したものを安定化させる。

⑤**ゲブラー**（Gevurah）／強さ（Strength）・峻厳（Severity）：神が、強さ・力を振るい、安定化した創造物に揺らぎを与え、逸脱した部分を取り除き、修正し、再統合する。

⑥**ティファレト**（Tiphereth）／美（Beauty）：神は、愛と調和・バランスの美的感覚によって、傾いたもの・滞ったものを調整。

⑦**ネツァク**（Netzach）／勝利（Victory）・永遠（Eternity）：世界創造が完成・成就し、神は勝利を見届け、いっときの休息をとる。神は、人間が成長を続けていけるように、生命活動が永遠に続くモチベーション（動因）として、性的本能、内面から湧き上がる情動・探求心を人間に与える。

⑧**ホド**（Hod）／栄光（Glory）・反響（Reverberation）：世界が充実していき、人間は神の栄光と偉大なパワー（影響力）を称え、感謝をささげる。神は、外面にある人間からの反響を受け取り、世界創造が成功であったと判断・裁定する。

⑨**イェソド**（Yesod）／基礎・設立（Foundation）：神は、これまでの営みを総合的に振り返り、成果が円熟したことを確認。神性を手放して叡智を人間に託し、世界の設立タスクを

人間に引き渡す。

⑩**マルクト**（Malkuth）／王国（Kingdom）：地上の王国であり、私たちが生きる地球でもある。この現実世界を充実化する可能性と責任は、神から霊性・叡智を委ねられた私たち人間にある。つまり、人間にとってここは、終わりではなく始まりのステージであり、神性・叡智を磨くには、セフィラの出発点に戻ることが必要。

⑪**ダアト**（Daath）／知識（Knowledge）：神の高次の知識。人間はその知識を学んで得るのではなく、相反する世界の神を直接知る体験を通じて受容する。隠された秘密のセフィラ（便宜上、⑪と表記）。

この世界創造の様子は、グノーシス神話（救済神話 page 032-077）そのものといえます。「救済神話」各シーンを詳述している箇所に、「新・生命の木」とセフィラを図示してあるので、そちらをご参照ください。

「カバラはグノーシス主義を母胎としている」という説は、ここからも裏付けられます。

参考：（21）（22）

3 ピュタゴラス数秘とのズレ

◆**セフィラと数秘**

①から⑦までは、旧約聖書「創世記」に書かれている「神は6日で世界を創造し、7日目に休息した」というエピソードを思わせます。

ところが、⑧から⑪については、「創世記」には書かれていません。

では、その象意やエピソードはどこから来たのか？

じつは、①から⑪の**各セフィラの象意は、数秘術から**来ています。

さきほどの解説のうち、とくに数秘に関連する部分（ラインを付けた部分）を再掲・整理してみます（【　】は、①〜⑩に相当する数秘の象意。page 016-017 参照）。

①ケテル／王冠：純粋意識、霊性、潜在性・可能性**【創始】**
②ホクマー／知恵：創造を始める、男性原理**【相反・受容】**

③ビナー／理解：受け止め、表現力、生命、女性原理 **【生命・表出】**
④ケセド／慈悲：安定化 **【安定化】**
⑤ゲブラー／強さ・峻厳：強さ、揺らぎ、再統合 **【ゆらぎ・再統合】**
⑥ティファレト／美：愛、調和・バランス、美的感覚 **【神の意志】**
⑦ネツァク／勝利・永遠：性的本能、情動・探求心 **【本能・探求】**
⑧ホド／栄光・反響：パワー（影響力） **【影響力】**
⑨イェソド／基礎・設立：総合、叡知 **【円熟】**
⑩マルクト／王国：可能性、霊性、出発点に戻る **【霊性・可能性】**
⑪ダアト／知識：相反、受容 **【創始】**

なお、2桁番号は、1桁目の数字が「数秘」に対応すると考えるので、10→0、11→1と読み替えています。

◆セフィラと数秘のズレ

右記を見ると、④から⑩までは、セフィラの象意と数秘（ピュタゴラス数秘術における象意）が一致しています。

ところが、①②③⑪についてはは、セフィラと数秘の間に明らかなズレ（乖離）があります。
この、「生命の木」における「セフィラとピュタゴラス数秘の乖離」は、「はじめに」に記した通り、「後世の作為」と考えられます。

この乖離を修正し、**セフィラ（およびグノーシス神話）と数秘を一致させ、さらに、マルセイユ・タロット「大アルカナ」と結びつける**ことが、本書の大きな狙いのひとつです。

4 「新・生命の木」

◆セフィラと数秘：本来の対応関係

本来こうではないかという案を示すと、次のようになります。

①ケテル／王冠：純粋意識、霊性、潜在性・可能性
↓数秘0 **【霊性・可能性】**
②ホクマー／知恵：創造を始める、男性原理

↓数秘1【**創始**】

⑪ダアト／知識：相反、受容

↓数秘2【**相反・受容**】

③ビナー／理解：受け止め、表現力、生命、女性原理

↓数秘2【**相反・受容**】

↓数秘3【**生命・表出**】（③ビナーの象意は数秘2・3に分割継承）

つまり、従来の「生命の木」を次のように修正します。

- 「①ケテル」を「⓪」とする
- 「②ホクマー」を「①」とする
- 非セフィラの「ダアト」を「②」として、位置を変更する
- 非セフィラ「ダアト」があった位置に、「③ビナー」を配置する

ちなみに、「0」は、9世紀にアラビアからヨーロッパに導入されているため、カバラに「0」の概念があっても不都合は生じません。

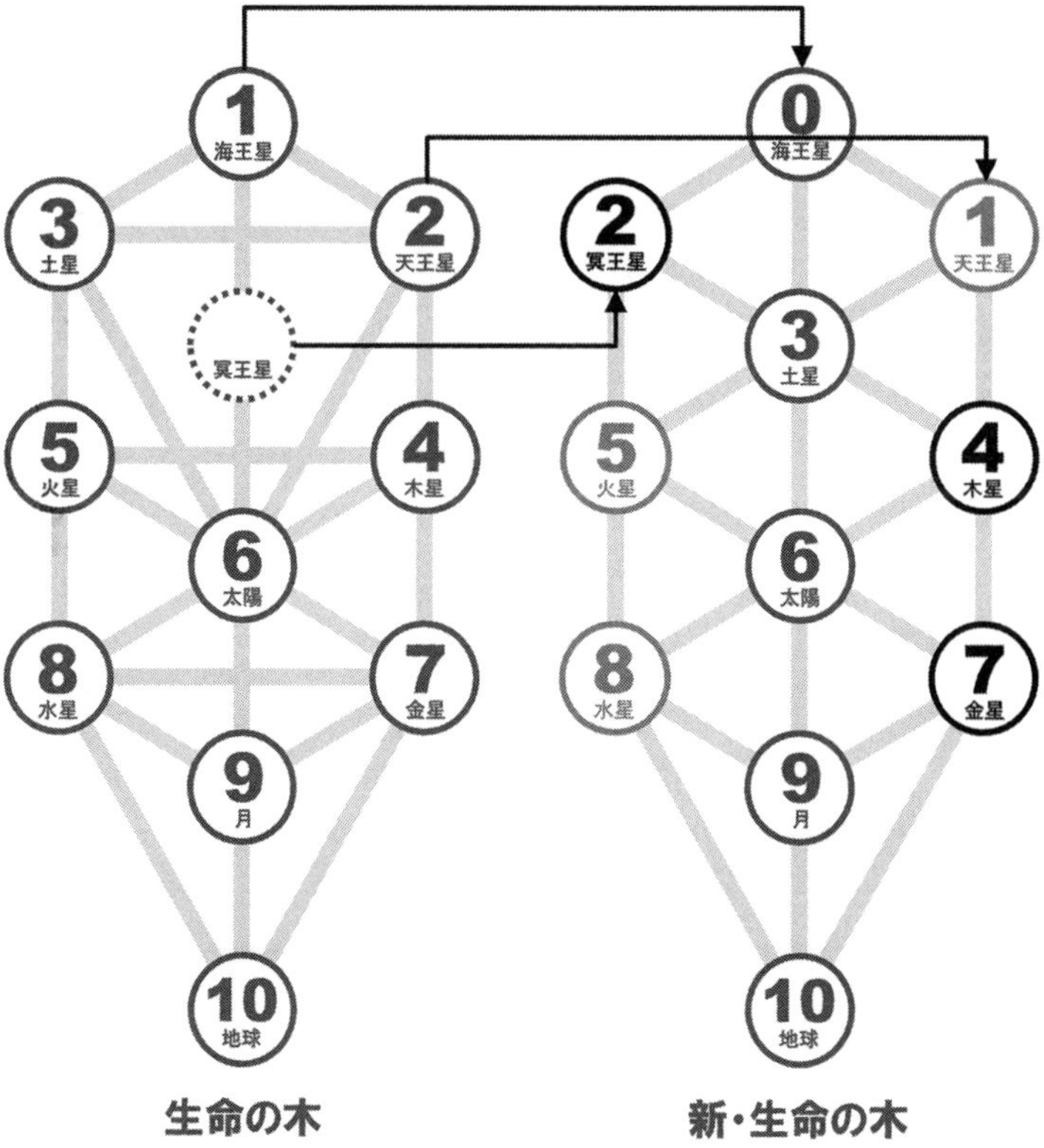
1
海王星
3
土星
2
天王星
冥王星
5
火星
4
木星
6
太陽
8
水星
7
金星
9
月
10
地球
生命の木
0
海王星
2
冥王星
1
天王星
3
土星
5
火星
4
木星
6
太陽
8
水星
7
金星
9
月
10
地球
新・生命の木

【20】「生命の木」の修正

これら4箇所の修正で、10個のセフィラと数秘はピッタリ整合するかたちになるのです。

これをもとに、本来の対応関係を示すと次のようになります。

「※」が変更箇所です。

⓪ケテル／王冠：純粋意識、神性、潜在性・可能性【霊性・可能性】※
①ホクマー／知恵：創造を始める、男性原理【創始】※
②ダアト／知識：相反、受容、女性原理【相反・受容】※
③ビナー／理解：表現力、生命【生命・表出】※
④ケセド／慈悲：安定化【安定化】
⑤ゲブラー／強さ・峻厳：強さ、揺らぎ、再統合【ゆらぎ・再統合】
⑥ティファレト／美：愛、調和・バランス、美的感覚【神の意志】
⑦ネツァク／勝利・永遠：性的本能、情動・探求心【本能・探求】
⑧ホド／栄光・反響：パワー（影響力）【影響力】
⑨イェソド／基礎・設立：総合、叡知【円熟】

⑩マルクト／王国：可能性、霊性、出発点に戻る【霊性・可能性】

「数秘」と「大アルカナの番号・意味」の対応関係を示した表（page 016-017）は、この修正を反映したかたちになっています。

修正した結果を「新・生命の木」として描いてみました。

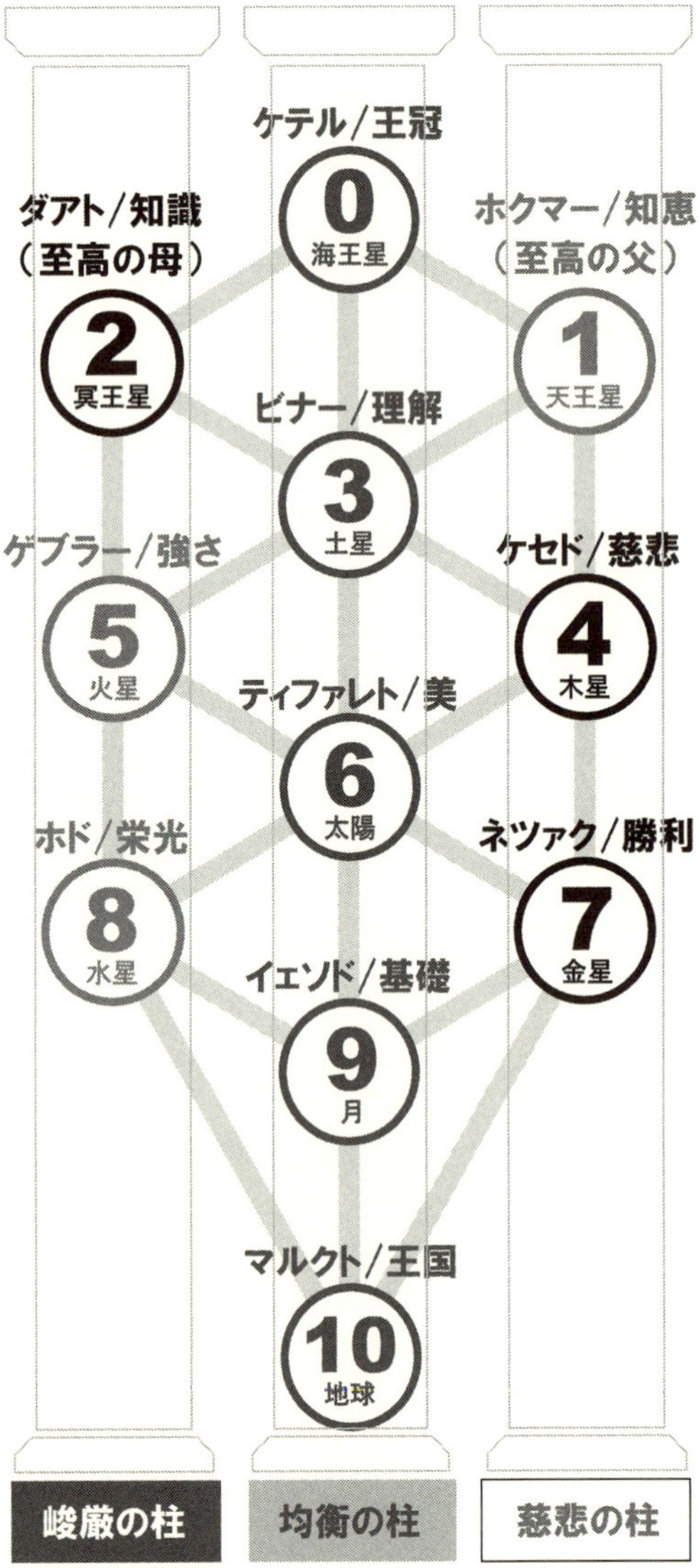

【21】「新・生命の木」

従来の「生命の木」と併せてご覧ください（再掲）。

【22】「生命の木」（再掲）

④【外果皮】――カタリ派の秘伝

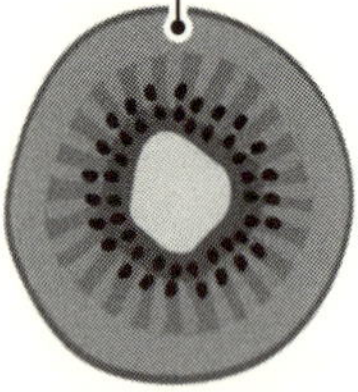

・「内果皮＝グノーシス神話」「種子＝生命の木のセフィラ」の外側にあるのは「外果皮」。
・グノーシス神話と「生命の木」のセフィラを、カタリ派が「教義」として展開したもので、「果実」に当たります。

1 カタリ派とは

カタリ派は、10世紀から13世紀にかけ、南フランスと北イタリアで展開した思想潮流。グノーシス主義の影響を受け、「反宇宙論・霊肉二元論」を唱えたため、ローマ教会（カトリック教会）から「異端認定」されています。

１１６７年には、東ローマ帝国の首都コンスタンティノープルからボゴミル派司教ニケタスが南仏ラングドック地方を訪問し、トゥールーズに近いサン・フェリックス・ド・カラマンで、フランス中のカタリ派の代表を集めて教会会議を開きました。

以降、ラングドックがカタリ派の重要拠点となっていきます。

【23】モンセギュール城

最大拠点トゥールーズでカタリ派の擁護側だったレーモン7世伯爵は、１２２９年に十字軍側に降伏し、和平条約（パリ条約）を締結。
カタリ派は抵抗を続けましたが、最後の拠点モンセギュール城が１２４４年に陥落しました。
カタリ派の秘伝や、十字軍（ローマ教会＋フランス国王）との攻防の様子は、「大アルカナ」22枚に封印されたと考えられます。
その詳細は、前著「ＰＡＲＴ・４」をご覧ください。

2
カタリ派の拠点は、中世カバラの生誕地

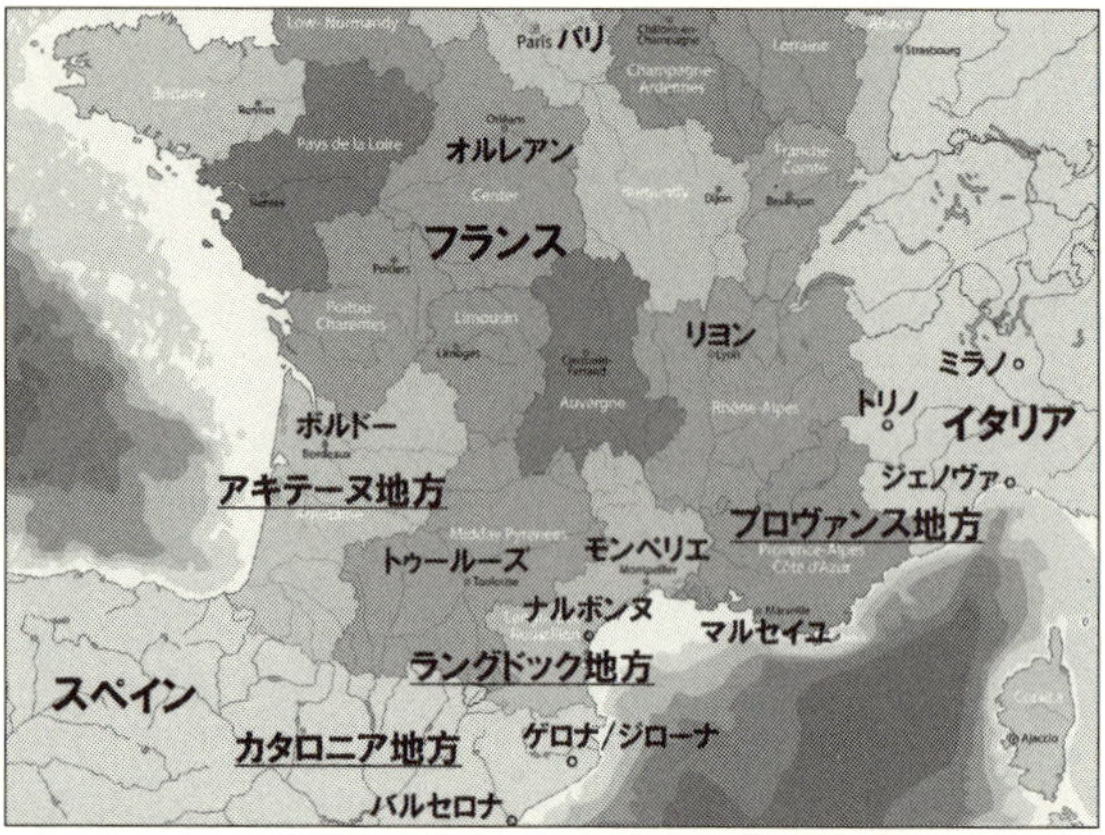

【24】南仏とスペイン・カタロニア地方（再掲）

◆カバラはカタリ派の拠点で成立

前述のように、カバラは、南仏プロヴァンス地方、その西隣のラングドック地方、そして、ピレネー山脈を挟んださらに西隣のスペイン・カタロニア地方で成立し、体系化されました。

注目すべきは、この3エリアの中心であったラングドック地方。

『創造の書／形成の書』が発見された「13世紀前半のラングドック」は、ローマ教会（カトリック教会）から異端とされた「カタリ派」、および、その弾圧運動「アルビジョア十字軍」（1209－1229）が展開された地域そのものなのです。

『創造の書／形成の書』発見の地ナルボンヌと、カタリ派拠点トゥールーズの距離は約150km。茨城県つくば市から神奈川県箱根町まで、つまり、関東地方の都市圏を斜めに横断するくらいの距離です。

南関東の大きさのラングドック地方に、カバラとカタリ派という、後の西洋世界に大打撃を与えることになる2つの思想勢力が、同時代に活動していたわけで、「相互影響」があったと考えるのが自然です。

ところで、この時代のラングドックは、まだフランス王国に併合されておらず、政治・経済・文化の面で「かなりの自由性」が確保された、ヨーロッパでも稀有な地域でした。

また、南仏とくに〈プロヴァンスとアキテーヌ地域［フランス南西部］では500年間の騎士道精神の発展があり、そこから詩、音楽、文学の並々ならぬ才能が開花[1]〉し、この運動は西ヨーロッパ全体に広がっていきました。

騎士たちは〈ロマンティックな愛を描くことで父系制宗教の女性差別構造をひっくり返し［中略］古代では女神によって権力譲渡の儀式が行われていたのが、事実上の復活を遂げた[2]〉のです。

こうした地域は、ローマ教会の権力からも遠かったため、異端カタリ派にとっても、〈ユダヤの秘教〉カバラにとっても、宗教面での「自由」を謳歌できる環境が整っていました。

〈ラングドックのユダヤ人たちは、［中略］寛容に遇されており、［中略］ゲットーではなく開かれた地区に住みキリスト教徒との経済的交流も盛ん(3)〉だったのです。〈アラブの学問をユダヤ人学者が翻訳してキリスト教徒に伝えることで、諸文化の交流もこの地でなされ(4)〉ました。

人的交流については、〈ユダヤの学問興隆の中でカバリストたちも活躍し、カタリ派とも当然接点をもったはず(5)〉ですが、〈直接的な関係についての証拠はない(6)〉のが実態です。同様に、〈カバラ［の内容面］に関しては、カタリ派との直接の接触・思想的交流についてのはっきりした証拠は存在せず、状況証拠のみ(7)〉となっています。

そこで、両者の交流を示す「状況証拠」を探っていくことにします。

◆カバラとカタリ派の類似性

カタリ派思想の根幹にあるのは、グノーシス主義から受け継いだ「反宇宙論」「二元論」（霊肉または善悪二元論）です。

- **反宇宙論**：創造主が不完全に造ったこの世には悪が充満している
- **二元論**：正しい知識・叡智（＝グノーシス）を得ることで、自己の本質（＝霊）に気づき、肉体という悪から解放（救済）される

「反宇宙論」「二元論」は、カバラにもみられる特徴です。

まず、カバラの「反宇宙論」は、次のように要約できます。

- 『清明の書』によれば、〈天地のあいだに［中略］樹を植えた神は、［中略］善－光の世界（Bodu）のみでなく、悪－闇の世界（Tofu）をも創った[8]〉とされる
- 悪の世界にやって来た〈悪魔の干渉によって神の植えた生命と恩寵の樹に不均衡・欠如・闇が招来され、天使［＝魂］はその結果、天から地に堕ちる[9]〉

続いて、カバラの「二元論」のポイントは、次の通りです。
●〈失われた均衡を回復する試み[10]〉として、〈堕天使＝魂が神の座まで上昇する[11]〉
●〈善（光）の力と悪（闇）の力との緊張・争い・混乱の中で、徳を身につけ神の失われた均衡・統一性を回復するか、あるいは逆に罪を繰り返すことによって悪の力を肥大させるかは、ひとえに人間の自覚と行動に懸かっている[12]〉

また、カタリ派同様、〈カバラにも輪廻思想が存在[13]〉しますが、〈ユダヤ正統教典にはまったく見出されないもの[14]〉です。
〈天の新しい魂にふさわしくないイスラエル人の古びた魂は、いくつもの肉体を通って遍歴をつづけねば[15]〉ならず、〈徳を積み、優れた人格を備えるにいたったとき、はじめて新しい生き生きとした魂が天からこの混合世界に降り立ち、イスラエルの民に最終的な救いがもたらされる[16]〉のです。

これら3点から、カバラとカタリ派の思想は、本質的に似かよっていることが分かります。

3 タロットに封印されたカタリ派の秘伝

前著では、**カタリ派の教義がマルセイユ・タロットに封印されている**ことを述べましたが、その重要なポイントは、次の3点です。

①カード制作者は、「神は天上ではなく、私たち人間ひとりひとりの中に存在する」という「グノーシス主義・カタリ派」の教えにならい
②「自己を内省し、自分の中に存在する神と出会う」ツールとしてタロットを考案
③ルネッサンスや古代の図像を借りて、スピリチュアル・メッセージを封印した

①「カード制作者は誰であったのか」については、定説では、「1500年頃、北イタリアのミラノにいた人物」ということになります。
しかしながら、筆者は、「グノーシス主義・カタリ派」の教えを継承し、「15世紀ルネッサンスの時代にフィレンツェにいた人物」が真の制作者だったのではないか、と睨んでいます。

これについては、次の「❺」において、考察していきます。

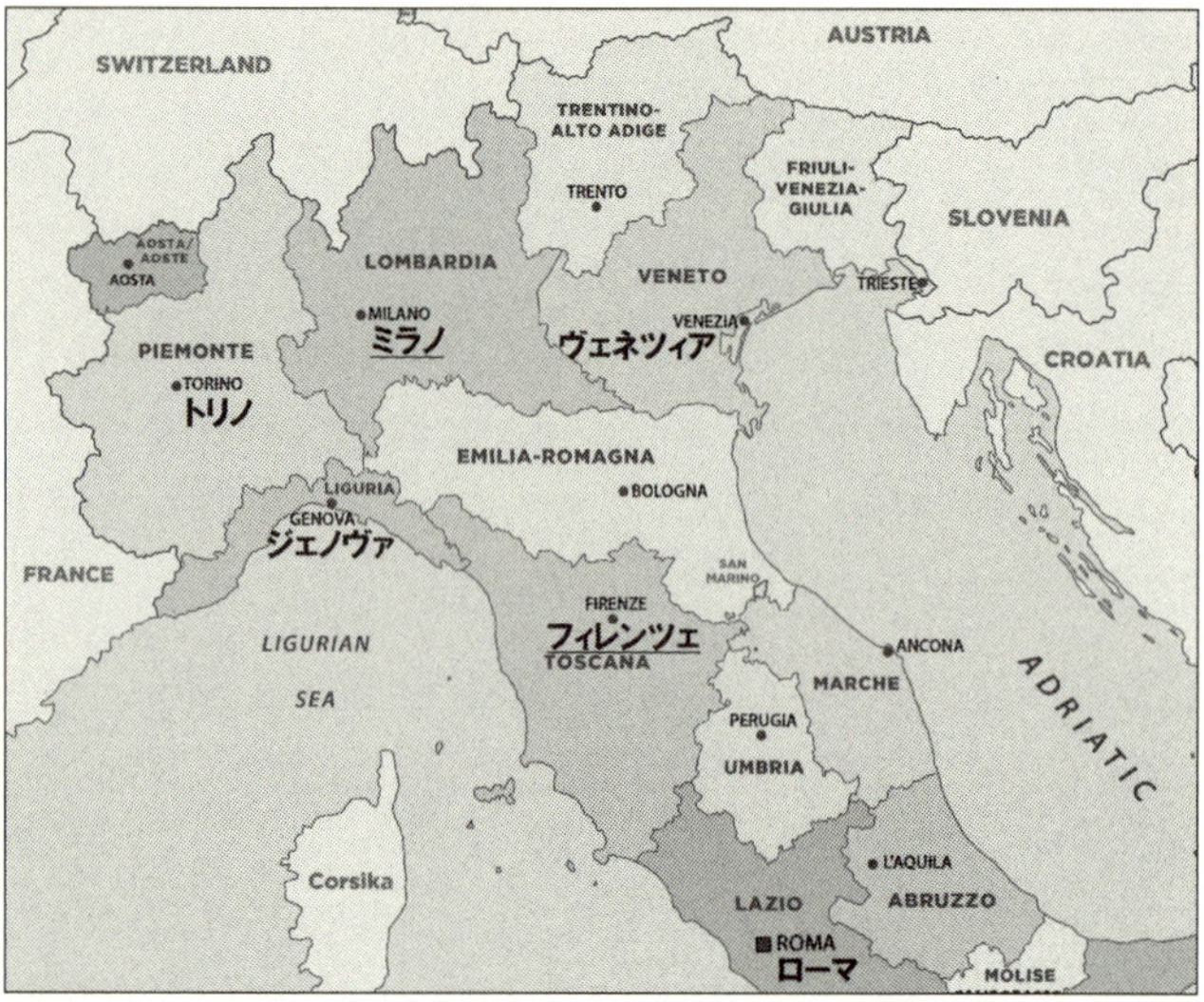

【25】北イタリア

②「自己内省のツール」としてタロットが制作されたのは、「遊戯用カード」という体裁を借りて、当局（ローマ＝カトリック教会）を欺き、迫害を逃れる作戦と考えられます。

③「ルネッサンスや古代の美術」をモチーフとしたのは、それらがもともと古代の思想・哲学を内包しており、カタリ派の教義を表わすのにも好都合であったということと、当時流行の絵を模すことで体制側に一切の疑念を抱かせない戦略であったことが、その理由と思われます。

これについては、前著「PART・4」で詳述しましたので、そちらをご覧ください。

⑤【表皮】―古代～ルネッサンス美術

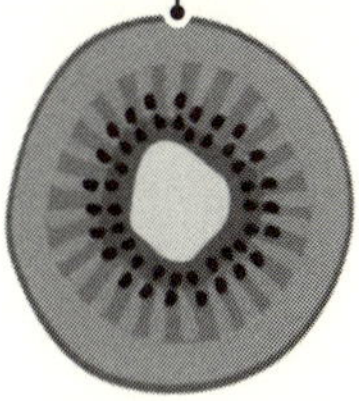

- 最も外側にあって、目に見える部分を「表皮」といいます。
- ようするに、表皮は大アルカナの「絵柄」に当たり、果芯（ピュタゴラス数秘）から外果皮（カタリ派の秘伝）の内容が、各カードの「絵」として視覚化されています。
- 「絵」のルーツは、古代からルネッサンスにいたる美術作品（絵画や彫刻）です。

1 カタリ派の亡命地：ミラノ、フィレンツェ

南仏の最大拠点トゥールーズでカタリ派を擁護していたレーモン7世伯爵は、1229年にアルビジョア十字軍（カトリック教会＋フランス国王）側に降伏し、和平条約（パリ条約）を締結します。

カタリ派は、必死の抵抗を続けましたが、最後の拠点モンセギュール城が1244年に

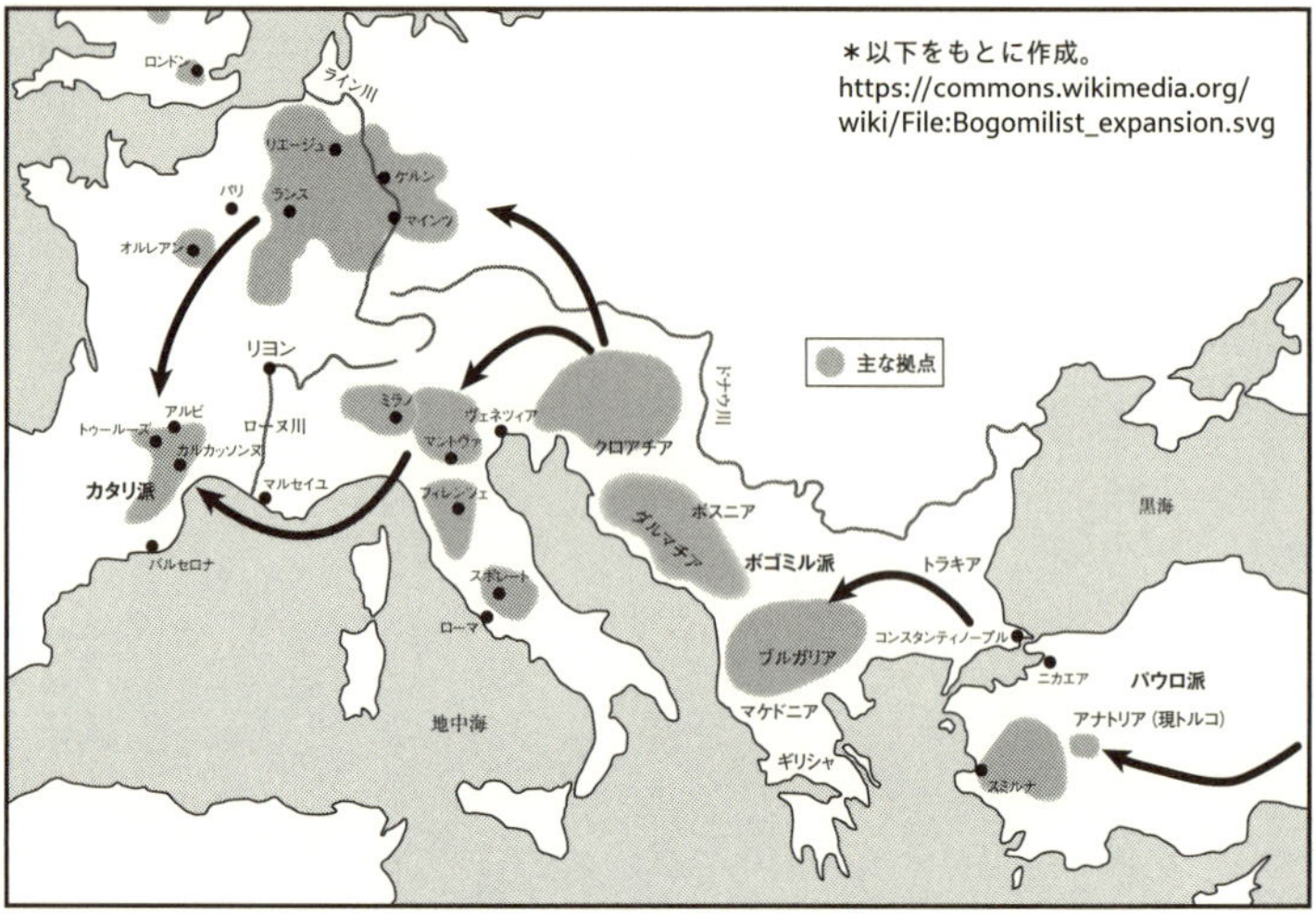

【26】異端派（二元論）の拡散ルート（10～15世紀）

陥落してしまいます。

その後は、ヤコポーネ・ダ・トーディ（1236－1306）のように、多くのカタリ派が、教会の異端審問から逃れるために、新天地を求め、とくに北イタリア方面に亡命しました。

なぜなら、（マニ教→）パウロ派→ボゴミル派という「異端派」の流れを受け入れてきた南フランス同様、その流入経路に当たっていた北イタリアもまた、カタリ派の展開エリアとなっていたためです。

13世紀初めまでに、カタリ派は〈ミラノやトリノ、フィレンツェといった大都市に根づき、そこでは多くの市会議員のメンバーたちが異端

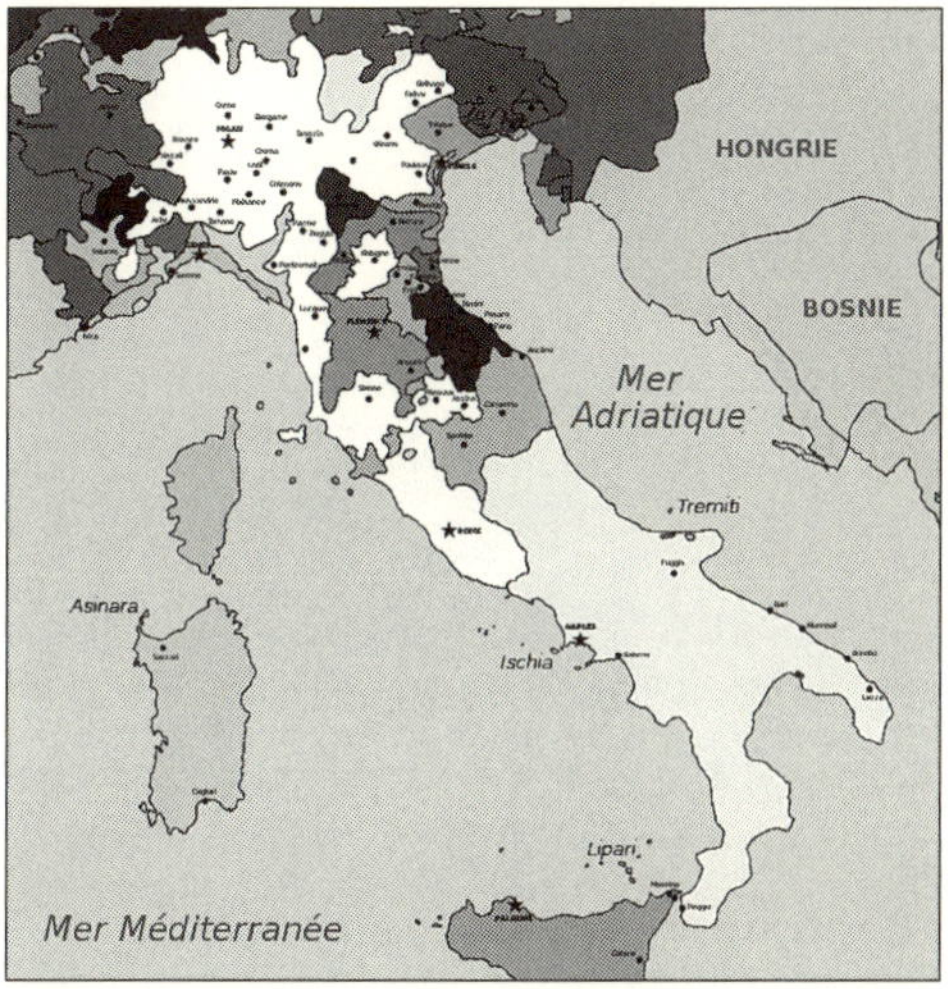

【27】ヴィスコンティ家の最大版図（北部の白い部分）

の信者であるか、それに好意を寄せる者〉[1]で、とくに13世紀中頃にはフィレンツェで一大勢力となり、ゲルフ党（教皇派）への反発から、ギベリン党（神聖ローマ皇帝派）を支持していました。[2]

カタリ派が北イタリアに定着したちょうどこの時期、13世紀から、ミラノ一帯に勢力を張っていたのは、ヴィスコンティ家です。

彼らは、ギベリン党（神聖ローマ皇帝派）を支持していただけでなく、ローマ教皇ヨハネス22世（在位１３１６－１３３４）から異端者として弾劾されました。[3]

ヴィスコンティ家の全盛期は、カタリ派滅亡から１００年の後ですが、南フランスからの亡命者を通じてカタリ派の教義に触れていた可能性は十分考えられます。

マルセイユ・タロットが最初に制作されたのは、1500年前後のミラノとされており、歴史的証拠としては、「大アルカナ18枚の図像が描かれたシート（遊戯用カードのケーリー・コレクション）」（図【28】）が挙げられます。

【28】大アルカナ18枚の図像が描かれたシート

時期としては、ヴィスコンティ家と姻戚関係を結んだスフォルツァ家のルドヴィーコ（1452－1508）がミラノを統治していた時代（1494年にミラノ公）と想定されます。

2 マルセイユ・タロット「絵柄」のルーツ

マルセイユ・タロット「大アルカナ」の絵柄は、年代的には、22点中、13作品（59％）がルネッサンス期（15－16世紀）のもの（以降、作品年代などの詳細は、前著page 020-021）。そして、これに先立つ中世（13－14世紀）の作品が3点（14％）。

古代バビロニア、エジプト時代の作品が2点（9％）ありますが、これらの古代美術は「古典復興」のブームに乗り、ルネッサンス期ヨーロッパに知られるようになったものと思われます。

したがって、マルセイユ・タロット最初期（1500年前後）のバージョンには、古代～中世～ルネッサンスの美術（18作品・82％）が、カード絵柄の「原典」として使用されたものと推測します。

17－18世紀の美術4作品（18％）は、ルネッサンス期以降、絵柄に採用されていき、ドー

【29】魔術師（ドーダル版）

ダル版、ニコラ・コンヴェル版、カモワン版など、現在の私たちが目にするマルセイユ・タロットが出来上がったわけです。

さて、カード絵柄にルネッサンス的特徴が顕著であることから、「マルセイユ版はフィレンツェで制作された」という想像もできます。

フィレンツェは15世紀ルネッサンスの中心地で、そこには、「原典美術作品」や「芸術家・職人」のみならず、カードメッセージの母胎をなす「グノーシス主義」や「カバラ」の知見が集積していました。

こうしたことから、「マルセイユ・タロットのフィレンツェ生誕」仮説が、ごくごく自然に導き出されるのです。

3 メディチ家とグノーシス主義・カバラ

15世紀ルネッサンスの立役者は、フィレンツェのメディチ家です。

父ジョヴァンニから銀行業を受け継いだコジモ・デ・メディチ（1389–1464）は、

【31】マルシリオ・フィチーノ

【30】コジモ・ディ・メディチ

フィレンツェに「プラトン・アカデミー」を設立し、哲学者マルシリオ・フィチーノ（１４３３－１４９９）を起用して、『ヘルメス文書』をラテン語へ翻訳しました。

『ヘルメス文書』は、3世紀頃までにエジプトで成立したと考えられ、11世紀頃までに東ローマ帝国で17冊の文書に編集された『ヘルメス選集』が、その中心を成しています。

フィチーノが翻訳したのは、１４６０年に東ローマ帝国から入手した『ヘルメス選集』のギリシャ語写本です。

文書には、占星術やピュタゴラス哲学の要素が見られるほか、「新プラトン主義」や「グノーシス主義」などの思想も含まれています。

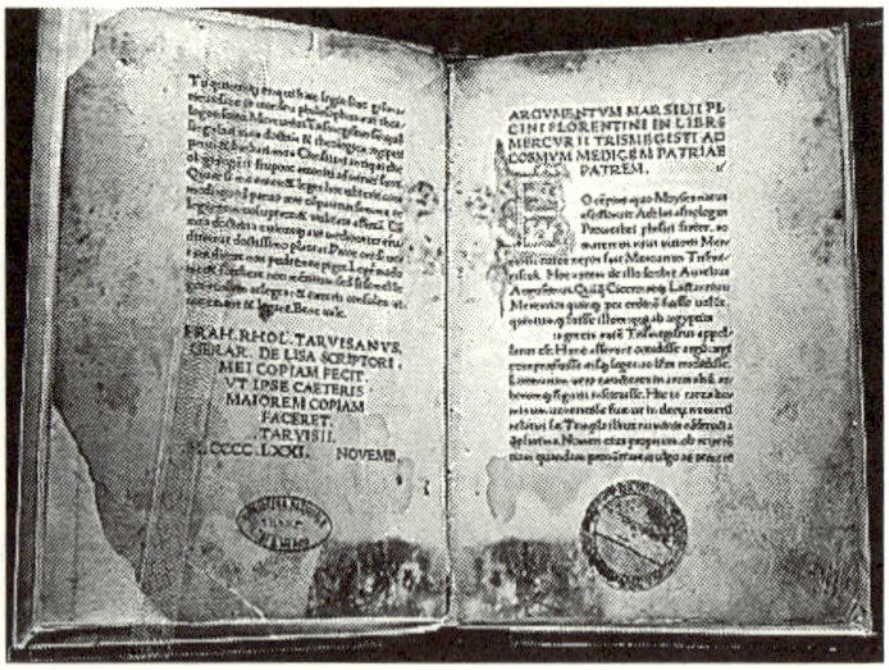

【32】ヘルメス文書

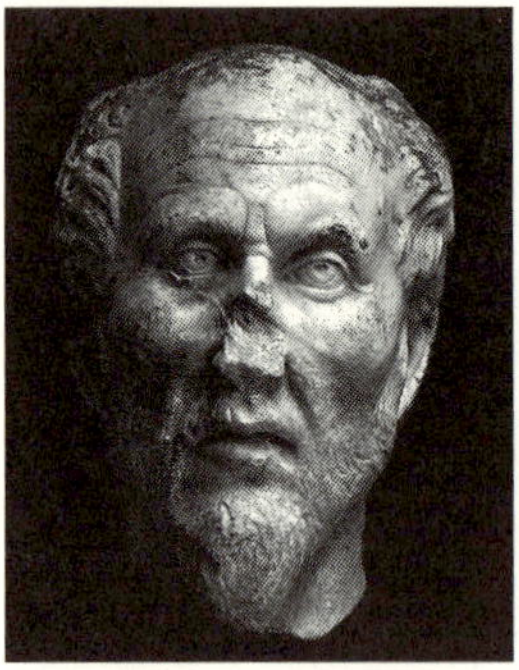
【33】プロティノス

「新プラトン主義（ネオプラトニズム）」は、エジプトの哲学者プロティノス（２０５頃－２７０）が創始。

プロティノスは、プラトンのイデア論を受け継ぎながら、「万物（霊魂・物質）は、無限の存在である『一者（ト・ヘン）』から流出した『ヌース（理性）』の働きによるもの」という「流出説」を唱えました。

「一者から万物が流出する」というアイデアは、これまで見てきたように、「グノーシス神話」や、カバラ「生命の木」に継承されていることが一目瞭然です。

なお、プラトン・アカデミーで、フィチーノと接した人物に、ピコ・デラ・ミランドラ（１４６３－１４９４）という哲学者がいます。

ミランドラは、ヘブライ語に堪能で、「非ユダヤ人として初めてカバラを極めた」と称されるほど、カバラに精通していたようです。

【34】ピコ・デラ・ミランドラ

マルセイユ・タロットがルネッサンス期のフィレンツェで制作されていたとしたら、大アルカナの絵柄や象意に、グノーシス神話（救済神話）のエピソードや、カバラ「生命の木」のセフィラを彷彿とさせる要素が濃厚であったとしても、不思議ではありません。

このことについて、「PART・2」でじっくり見ていきましょう。

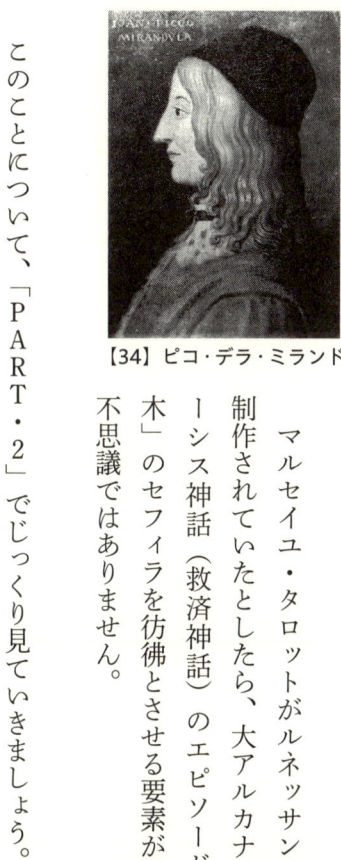

PART.2

タロットの深淵

1 三位一体：数秘／新・生命の木／大アルカナ

ここからは、ピュタゴラス数秘、グノーシス神話、「新・生命の木」のセフィラと結びつけながら、マルセイユ・タロット「大アルカナ」22枚のプロフィールや象意を、詳細に見ていくことにします。

なお、各セフィラには、占星術の「惑星」が割り当てられ、それに応じた象意も与えられているため、この観点からの説明も行います。

【35】エリファス・レヴィ

さて、「新・生命の木」に触れる以上、その母体となっている「カバラ思想」に注目することが重要になってきます。

じつは、パリ出身の神秘学思想家エリファス・レヴィ（1810－1875）が『高等魔術の教理と祭儀』（1856）の中で、「大アルカナ22枚とヘブライ

【36】『高等魔術の教理と祭儀』

22文字の対応関係」を示しています。

そして、この本（教理篇・祭儀篇）にある各文字の説明を注意深く読んでいくと、随所に大アルカナに関連する記述があり、そこにはカバラに影響された要素が多く見つかります。

前著では、大アルカナを「美術史」と「カタリ派教義」の2面から詳述しましたが、ここではレヴィの記述を参考にしながら、「カバラとの関係」にも着目し、「正位置」「逆位置」の象意も記載しました。

⓪ ―00 愚者　10 運命の輪　20 審判

最初は、タロット番号の1桁目に「0」を持つ3枚です。数秘上はいずれも「0」ですが、セフィラとしては「⓪」と「⑩」の2つがあるので、

- セフィラ⓪：00 愚者

●セフィラ⑩：10運命の輪、20審判という手順で解説していきます。

◆数秘0

「数秘0」は、「霊性・可能性」を表します。

数秘術では「0」を単独では扱いませんが、〈他の数字のエネルギーを補強するパワーを「0」は持っています〉[(1)]。

たとえば、大アルカナ「10運命の輪」「20審判」は「0」という数字のおかげで、強いパワーを持っているのです。

〈目には見えない世界、それが「0」。見えないけれど、その存在感は、どの数字より大きい〉[(2)]数字。

〈見えない世界そのものである「0」と共存しながら、世界や宇宙を［中略］感じ、そして見つめていく〉[(3)]ことを、「0」という数秘は教えてくれます。

そこから、「霊性・可能性」という象意が導かれます。

また、〈終わりのない始まり、虚空、源[4]〉を表します。

〈「0」の発祥地であるインドでは、人間はやがて「無」に還るという仏教思想があり、無=「0」は次への生まれ変わりのポイントとらえるため、「リセット」「浄化」の意味を持ちます。つまり「0」には、「本質へ還る」「一度、まっさらに戻す」「ニュートラルな状態になる」というメッセージが込められて[5]〉います。

「00愚者」「10運命の輪」「20審判」の3枚は、まさしくこうした象意を持ったカードです。

◆セフィラ⓪

- 名称：ケテル（Keter / Kether）
- 称号：王冠（Crown）
- 役割：創造の源泉
- 惑星：海王星（Neptune）

従来の「生命の木」には、「⓪」というセフィラはなく、最初のセフィラ「①ケテル」より上に位置する「無の世界=アイン」（図【37】）が、数秘「0」の意味合いを帯びています。

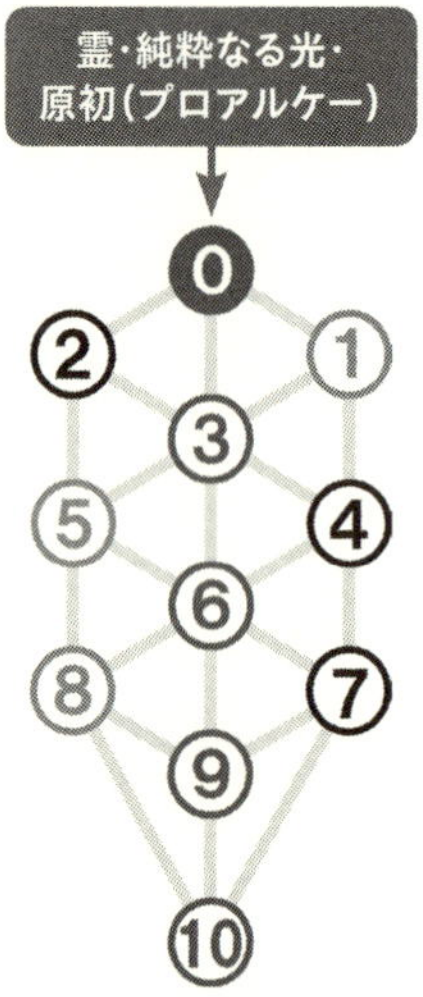

「新・生命の木」では、最初のセフィラを「⓪ケテル」とします。

「0」とは、「存在はするが、見えない」ものです。

これは、筆者独自の考え方ですが、理由があります。「ケテル」は〈生命の木全体にエネルギーを与える存在であり、全ての始まり[6]〉と位置付けられているからです。

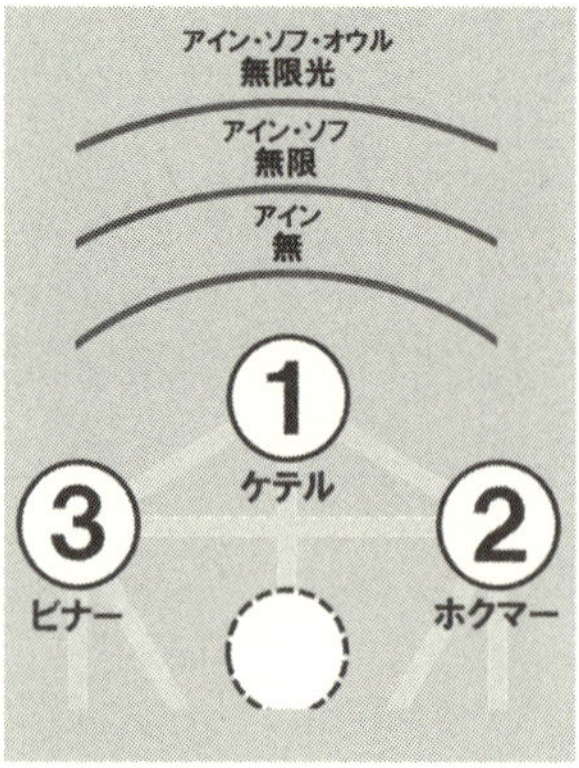

【37】無の世界=アイン

実際、「ケテル」は〈「原初の点」[7]〉といわれます。

そして、「ケテル」が「王冠」という称号を持つこと自体、左のように、「ケテル（王冠）＝⓪」の関係を示唆します。

●〈王冠が頭上に輝くものであるように、ケテルは私たちが到達しうる最も高いところを表します。神性の輝き、人生で見出していくスピリチュアルな目的です[8]〉。

●人間が頭の上に被る「王冠」は、〈私たち人間から少し離れた場所に存在[9]〉することの暗示とも考えられます。

●〈神の姿を隠しているヴェールに最も近い場所に位置している、つまり、神に一番近い場所にあることから、［中略］ケテルを神とほぼ同一[10]〉とみなす文献もあります。

●たとえば、ヨセフ・ギカティラ（１２４８－１３１０）は、〈「王冠のセフィラーはあらゆる被造物から完全に隔てられて隠されているため、目にすることはかなわず［以下略］」（『光の門』２・１１８）[11]〉と記しています。

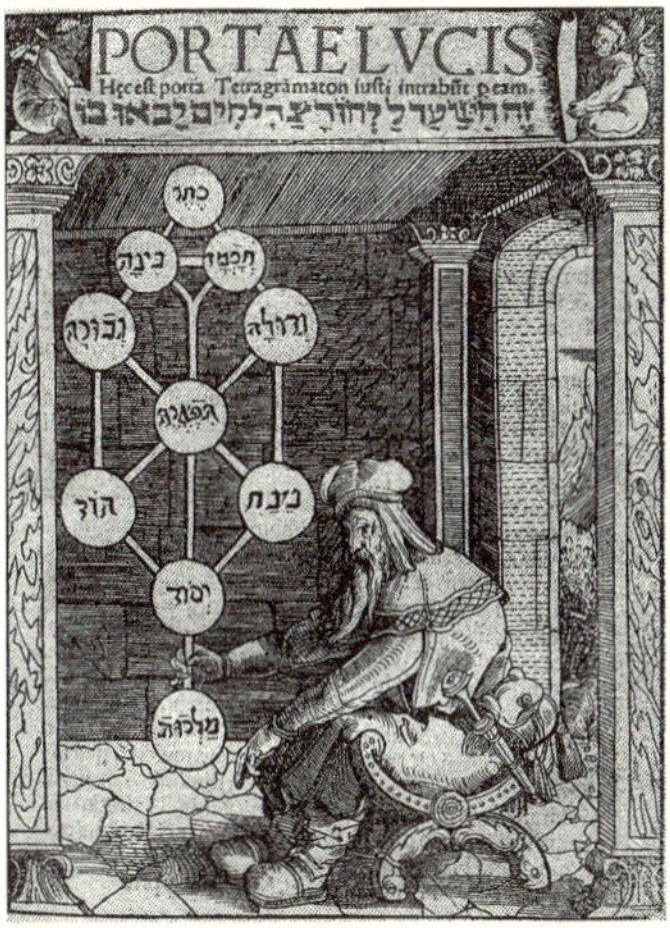

【38】ヨセフ・ギカティラ『光の門』（再掲）

さらに、グノーシス神話の最初に登場する存在も、次のエピソードにおいて、「第0セフィラ＝⓪」であることを強く示唆します。

●「いかなる視力でも見つめることができないほどの光」（『ヨハネのアポクリュフォン』§6－8 page 033）の視覚的表現が「ケテル（王冠）」で、まさに、「セフィラ⓪」と考えられます。

●「原初・原父・深淵」（『異端反駁』第一巻一章 page 034）も、「セフィラ⓪」に相当すると考えるのが自然でしょう。

●右の「原初（プロアルケー）」は、前述の「ケテル＝原初の点」と明らかに同じものを表しており、これも「⓪」といえます。

「⓪ケテル（王冠）」を象徴する惑星は「海王星」。

海王星は、〈地球から最も遠い軌道を回る惑星です。［中略］かつては冥王星が最遠の惑星でしたが、近年、冥王星は惑星から「準惑星」に「格下げ」[12]〉となりました。

この事実は、「⑩マルクト（王国）＝地球」から最も離れたセフィラが「⓪ケテル（王冠）」であることと、ピッタリ符号します。

また、海王星は、形のないもの、すなわち〈理想、映像、ヴィジョン、夢、無意識、「中略」海の深さ、宗教などを象徴する星[13]〉ですが、〈目に見えなくても厳然と存在[14]〉します。

つまり、〈海王星は「美しい幻」のようなもので、手にとって見ることはできないけれど、大きな価値あるものを教えてくれる惑星[15]〉と考えていいでしょう。

これも、今まで見てきた「⓪ケテル」の性格をよく表しています。

◆00 愚者

【39】00 愚者

「00 愚者」は、同じ「数秘0」の「10 運命の輪」「20 審判」と本質的に共通の意味を持つカードです。

が、「1」「2」が混じっていない純粋な「0」は、「円＝完全性」の象徴が際立つために、大アルカナ22枚が構成する「旅」のラストを飾ると考えられますし、前著でも最後に配置しています。

本書では、セフィラの順序に合わせ、冒頭で解説することとします。

カードに描かれた「00 愚者」は、おおきく、「巡礼者」と「宮廷道化師」という2つのキャラクターを持っています。

自我（＝1）の存在として出発した「01 魔術師」は、「21 世界」までの修行を終え、最終的に「0＝無・自我の滅却・悟り・スピリチュアリティ」を目指す「巡礼の旅」に出ます。「数秘0」の「霊性」に到達する「可能性」を求める旅です。「01 魔術師」は「00 愚者」に回帰して「巡礼者」となるのです。

実際、「01 魔術師」が右手に持っている「コイン」は円形、つまり「0＝完全」を暗示し、カードの中央に描かれています。「01 魔術師」にとっての世界の中心に「00 愚者」がおり、そこが彼の帰るべき点なのです。

なお、「21 世界」に描かれた「楕円形の月桂冠」も「0」の象徴で、「00」に回帰するための「ゲートウェイ」を表しています。

「00」「01」には、他にも、次のような類比点があります。
- 「01 魔術師」の目線は「訝しげに下向き」、「00 愚者」の目線は「希望に満ちて上向き」
- 「01 魔術師」の靴の黄色は「知性」、「00 愚者」の靴の赤色は「火＝変容」を象徴
- 「01 魔術師」は「未熟で若い」男性、「00 愚者」は髭を生やし「経験と年齢を積んだ」男性

一方、「宮廷道化師」としては、「王冠」がキーポイントです。

「⓪ケテル（王冠）」が「私たちが到達しうる最も高いところ、神に一番近い場所」の象徴であるように、「宮廷道化師」が「俗世間を超えた存在」「霊力のようなパワーを持ち、常軌を逸した存在」として王侯・貴族から特別視されたことが、「王冠」に表れています。

レヴィは、大アルカナを魔術の観点から詳述しており、「幽光（アストラル・ライト）」を「魔力の源泉」としています。

アストラル・ライトとは、レヴィが提唱し、神智学に採り入れられた概念で、〈サイキック能力［中略］を発揮させる、宇宙に遍満するエネルギー〉[16]のこと。

そして、魔術の〈「大秘奥」に通じた者の特権[17]〉として、「予言・予見力」、すなわち〈結果を前もって見ることであり、「幽光」の中から読み取る[18]〉能力を挙げます。

「幽光（が映し出す映像）」を読み取る能力者には、〈本能的先見者と秘法修得者[19]〉の2種類あります。

後者がその能力を身につけるには、〈強制されないこと、またけっして誘惑［中略］に応じないこと[20]〉、私利私欲を〈棄て去ってしまうこと[21]〉が条件で、〈直観への信頼が完全であればあるほど、そのぶん映像もまた明確に[22]〉なります。

つまり、〈禁欲主義をとおして［中略］完全解脱へ到達した[23]〉「巡礼者」のような者になることを説いています。

前者については、〈幼児、無学な連中、羊飼い、時には白痴までが、学者や思索家も及ばぬ先天的洞察力を有している[24]〉とし、「宮廷道化師」がまさにこのタイプに当たります。

【カードの象意】

- 正位置：「巡礼者」→**可能性・チャレンジ・前進・好奇心・ヴィジョン・スピリチュアル・自分を信じる**／「宮廷道化師」→**自由・自然体・カジュアル・無邪気・独創的・インスピレーション**
- 逆位置：「巡礼者・宮廷道化師」の反意→**勇気がない・前に進めない・可能性が感じられない・不自由**／「宮廷道化師」の悪い側面→**軽率・無鉄砲・無責任・奇抜・非現実的・無防備・不安定**

◆セフィラ⑩

- 名称：マルクト（Malkuth）
- 称号：王国（Kingdom）
- 役割：創造の最終地点
- 惑星：地球（Earth）

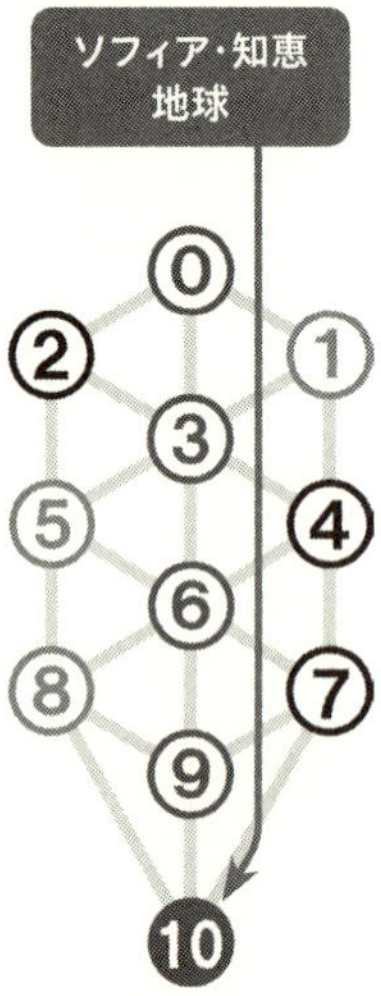

「⑩」は、最後のセフィラ「マルクト」で、称号は「王国」です。

〈マルクトは物質の世界であり、生命の木のなかで唯一、私たちが知覚できるセフィラ[25]〉。

そして、〈創造のプロセスにおいては最終地点、一連の流れを経て現実化・物質化したものを表します[26]〉。

〈私たちが「世界」と認識している世界はマルクト〔⑩〕で、マルクトはケテル〔⓪〕から流出した創造の源が生命の木を通った「結果」なので、生命の木の状態を知るには自分の世界でどんな物質化・現実化が起きているのかをつぶさに観察するのが唯一の方法ということになります[27]〉。

〈「世界」というと対象が広いのでピンときにくいですが、自分の置かれている状況や人間関係、心理状態、世間[28]〉の状態と考えてよいでしょう。

「⑩マルクト（王国）」を象徴する惑星は、私たちが住む「地球」です。

◆10 運命の輪

【40】10 運命の輪

「10」は、「生命の木」に描かれる「セフィラの数」であり、さらには、最終セフィラ「⑩」が表す「王国」の実現・完成・成就、〈すなわち宇宙、創られたものの全体であり、「神」の作品にして「神」を映し出す鏡、至高の条理の証し[29]〉でもあります。

「条理」とは、〈万物に生き渡った法則[30]〉で、「王国」に〈均衡を授けるちから[31]〉です。

このカードは、「運命の輪」頂部の台座に、「神の使いテトラモルフ」もしくは「正義の女神マアト」が鎮座し、「条理」に則って、輪の回転を均衡させている様子を描いています。

「テトラモルフ」は、人間・鷲・雄牛・獅子の4体からなる合成獣で、それぞれ、水瓶座・蠍座・牡牛座・獅子座に対応することから、全体として「黄道十二宮」つまり「宇宙」を暗示しています。

「王冠」を被ったテトラモルフは、セフィラ「⓪ケテル（王冠）」の象徴として「神に一番近い場所」におり、「霊的」な立場から、宇宙であるセフィラ「①〜⑩」の運命を見据えている、とも解釈できます。

「正義の女神マアト」は、地上（王国）で人間が犯した罪の重さを、「輪」を「天秤」のようにして測る存在（＝「08 正義」の女神）。

マアトの審判次第で、「次のステージに行ける・行けない（転生できる・できない）」の2つの「可能性」がひとつに定まるのです。

【カードの象意】

- 正位置：「運命が回転する」→**チャンス到来・転機が訪れる・流れが変わる・可能性が開**

ける・運命的な出会いがある／「好転する」→**良い結果が出る・成功する・実現する**

●逆位置：「好転」の反意→**チャンスを逃す・雲行きが怪しくなる・失敗・停滞・アクシデント**／「運命が回転する」の悪い側面→**ついて行けない変化が起こる・流される・避けられない**

◆**20 審判**

【41】20 審判

このカードの解釈のひとつは、「神のメッセンジャー＝大天使ガブリエルが、神の言葉を地上に伝える」というものです。

新約聖書『ヨハネの福音書』は、次のようなフレーズで始まります。

「初めに言葉があった。言葉は神と共にあった。［中略］言葉の内に命があった。命は人間を照らす光であった。［中略］神から遣わされたひとりの人が［中略］光についての証しを行うために来た」。

また、旧約聖書『創世記』には、次のように書かれています。
「神が『光あれ』と言うと、光があった」。

これら2つのフレーズから、「神の言葉」と「神の光」はセットで、それらが両方、「20審判」カードに描かれていると考えられます。

なお、大天使の帽子は「⓪ケテル（王冠）」だと考えると、「神の光」は、まさしく、「セフィラ⓪＝霊・純粋な光」そのものといえます。
大天使のいる「雲の上」は、「プレローマ」なのでしょう。

そして、「神から遣わされたひとりの人」とは、「セフィラ③」すなわちグノーシス神話のソフィアと考えられます。
上空にいる「大天使ガブリエル」は通常、女性として描かれますが、じつは彼女が「ソフィア」であるとしても、矛盾はないわけです。

一方、棺桶から生き返る男性は、ソフィアによって蘇生（復活）する初期人類アダム。

至高神「①」がアダムに仕組んでおいた「霊＝光のエピノイア」が、ソフィアによって活性化され、アダムが光り輝き、復活する（page 069）のです。

つまり、グノーシス神話から考えると、このカードは、至高神「①」が地球と人類の「可能性」を予見し、ソフィア「③」を地上に遣わし、「霊＝光のエピノイア」によって、「初期人類アダム」を復活させるシーンを描いていると解釈できます。

一方、レヴィは、〈人間は大きな天体や星を支配することはできなくても、［中略］命を救ったり死を授けたりもでき［中略］、そして生命を救うということは、［中略］時によっては蘇生をも意味している[32]〉と記しています。

たとえば、「幽光」に働きかける〈吹入法は魔術的医学の最も重要な治療方法の一つ[33]〉で、〈生気づけるということは［中略］息を吹きかけ[34]〉、「蘇生」という奇蹟を起こすこと。「大天使がラッパを吹き、死人が蘇生する」図は、この奇蹟の寓意的表現と考えられます。

【カードの象意】

●正位置：「審判・復活」→**評価・祝福・結論が出る・自分らしさが戻る・自分でしっかり立つ**／「神の言葉」→**良い知らせがくる・気づきが得られる**／「世界の創造」→**可能性が開かれる**

●逆位置：「正位置」の反意→**結論が出ない・評価されない・話が進まない・古い考えに囚われる・過去に執着する**／「神の言葉」の悪い側面→**他人任せ・自分勝手な解釈をする**

①—01魔術師　11力　21世界

2番目は、タロット番号の1桁目に「1」を持つ3枚です。

◆数秘1

「数秘1」は、「創始」つまり「創造・開始」を表します。

「1」が「スタート（開始）」を意味することは、その〈縦向きの矢印(35)〉の形「↑」にも表れています。

一方、「創造」という象意は、セフィラ「①ホクマー」の象意・役割、すなわち「知恵・最初の動力」から導かれます。

また、〈1という数は、英語のアルファベットのIに似ています。Iは「私」であり、ここには「我あり」という意図が含まれ、これから誕生するすべての種を宿しています[36]〉。

◆**セフィラ①**

- 名称：ホクマー（Chokhmah）
- 称号：知恵（Wisdom）
- 役割：最初の動力・原初の男性原理・至高の父
- 惑星：天王星（Uranus）

「セフィラ①」は、従来の「生命の木」では、最初のセフィラ「ケテル（王冠）」です。

本書で提唱している「新・生命の木」においては、「⓪ケテル」に次ぐ2番目のセフィラ「①ホクマー」となり、その称号は「知恵」。

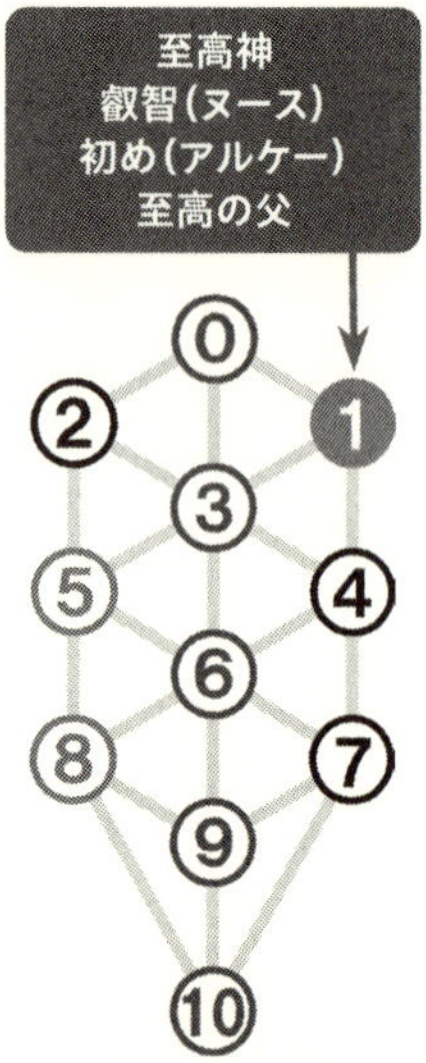

「知恵」が示すように、〈世界のありとあらゆることを知る神の知性を司っています[37]〉。

その〈知恵とは、閃きや、直観、インスピレーション、霊感、啓示という表現がふさわしいものです[38]〉。

一般的に、「ケテル（王冠）」は「全ての始まり」の象徴とされていますが、〈実際に生命の木が動き出すのはホクマーからであり、生命活動の実質的な始まりはホクマーであるという説も存在して[39]〉いるようです。

本書も、それと同じように、「ホクマー」を「①」と考えています。

「起点はケテルか、ホクマーか」については諸説あり、ということになりますが、〈ホクマーは、「完全な静」のケテルと対照的に「最初の動力」と考えられました[40]〉。

また、ホクマーは〈原初の男性原理であり、力強く外に押し出すエネルギーで止むことはありません[41]〉。

そして、〈ホクマーの「動力」があって初めて、物質化に向けて世界が動き出す[42]〉ことを考えると、ホクマーは〈ある対象に活力を与える存在であり、その能動的かつ力強い性質から、最も男性性の強いセフィラとして「天上の父[43]」〉や、〈至高の父[44]〉とも呼ばれます。

グノーシス神話の『異端反駁』に着目すると、2つのセフィラは、

- ⓪ケテル　：プロアルケー（原初）→完全な静
- ①ホクマー：アルケー　（初め）→最初の動力

という関係に、しっくり収まることが分かります。

「①ホクマー（知恵）」を象徴する惑星は「天王星」。

天王星は〈新しい世界に飛び出そうとする星[45]〉で、〈「革命」の星、と呼ばれて[46]〉おり、

〈「今、人生の中で革命すべきこと」を示唆します[47]〉。

「最初の動力」という「①ホクマー」の象意にフィットします。

◆ 01 魔術師

【42】01 魔術師

「01 魔術師」はスピリチュアルな旅のスタートに立つ若い男性です。

「①ホクマー（知恵）」が、「最初の動力」という役割を担っているように、「21 世界」までの旅を開始します。

また、「①ホクマー」の惑星である〈天王星は「個」を意識させる星でもあり［中略］天王星がくると、人は「自分の足で立つ」ことを意識[48]〉します。

これは、左右どちらにも重心を傾けられるポーズをとりながら、両脚でしっかりと立つ「魔術師」のキャラクターを表しています。

カバラとの関連で見ると、〈魔術師こそはまさしくヘブライのカバリストたちが「ミクロプロソプス」、すなわち「小宇宙」の創造者と名づけるところのもの(49)〉です。

魔術師は、〈庇《ひさし》を垂らすと顔全体が隠れてしまう大きな帽子をかぶった姿(50)〉で描かれ、〈魔法の杖で命令するかのように、片手を上に振りかざし、もう一方の手は胸に当てがい［このポーズはウェイト版タロットで顕著］(51)〉、〈幾つかの重要な象徴《シンボル》(52)〉をテーブルの上に並べています。

そして、〈彼の胴体と両腕は、ヘブライ人がエジプトから借用したアルファベットの最初の文字(53)〉、「アレフ א」をかたちづくっています。

【カードの象意】

● 正位置：「魔術師」→**クリエイティブ・霊感がはたらく・計算高い・理解力が鋭い・コミュニケーション力が高い・フットワークが軽い・臨機応変**　／「①ホクマー」→**何かを始める・知恵がはたらく**

● 逆位置：「魔術師」の反意→**よく理解できない・気持ちを伝えられない・自分に自信がない**　／「①ホクマー」の反意→**スタートできない**　／「魔術師」の悪い側面→**よく嘘をつく・ごまかす・表面だけをつくろう・言動が不一致**

◆11 力

【43】11 力

螺旋マンダラにあるように、「01 魔術師」は、第1ラウンド「俗世の旅」を始めるカードでしたが、「11力」は、第2ラウンド「精神界の旅」のスタートを意味します。

「ライオンが貴婦人風の女性に口を押えられ、なすがままになっている」このカードのテーマは「力」。

レヴィによると、「力」とは「幽光（アストラル・ライト）」で、〈確実に存在する何物も太刀打ちできない秘密の力[54]〉。〈人によっては地の霊とも呼び、古代の錬金術師たちは「アゾト」や「マグネシア」[55]〉と呼んでいました。

「幽光」は〈一種の磁気的流れ[56]〉で、この流体を使うには、「修練」が必要となります。

その「修練」とは、世界から「孤立」すること。

言い換えると、〈思考にとっての絶対的独立、心情にとっての完璧な自由、官能にたいする徹底的抑制[57]〉です。

「女性がライオンを手なずける様子」は、たとえば、「官能に対する抑制・コントロール」を表わしています。


そして、「①ホクマー」の象徴である天王星には、人間に対して、〈自分をいずれ腐らせてしまうような甘えや依存から脱出[58]〉させようとする「力」があります。

こちらも、「11 力」を彷彿とさせる象意です。


【カードの象意】

●正位置：「ライオンを手なずける剛毅な女性」↓**困難を克服する・上手に関わる・忍耐強く粘る**／「①ホクマー＝天王星」↓**甘えや依存から脱出する・欲望をコントロールする**

●逆位置：「正位置」の反意↓**我慢できない・力不足・長続きしない・途中であきらめる・欲望に負ける**／「正位置」の悪い側面↓**自信過剰・傲慢になる・ストレスを抱えすぎる**

◆21 世界

【44】21 世界

「21世界」に描かれた「月桂冠」は、大アルカナ21枚の旅を終え、ゴールインした主人公（＝勝者）を祝福するシンボル。

月桂冠の「楕円形状」は「0」を示唆し、かつ、月桂「冠」は「⓪ケテル」を暗示しています。

つまり、「0＝霊性」への「ゲートウェイ」ということです。

このゲートウェイを通過した主人公は「00愚者＝巡礼者」となり、再び、大アルカナの旅を「始める（＝数秘1）」ことになるのです。

レヴィの解釈によると、このカードには、〈「カバラ」の四匹の獣に四隅を支えられた花冠の囲いの中を駈け廻る薄衣で体をおおった若い女神の姿が描かれて[59]〉います。

4匹の獣（＝テトラモルフ）は、天使・鷲・牡牛・獅子で、水・空気・土・火、すなわち「四元素＝万物」の象徴です。

中心に位置する女神は〈磁力の杖[60]〉を手にしており、この「磁力」で、4極にいる獣を〈引き離し、そして結びつけ[61]〉、〈均衡を創造[62]〉します。

〈「極」によって隔て、「中心」によって結びつける[63]〉ことで、「均衡」の中に「調和」が生まれ、〈均衡は対立物同士の照応によって存続[64]〉します。

魔術の世界では、「対立物同士の照応」を「万物照応」といいます。

つまり、〈全き統合、これこそが万物の究極条理[65]〉で、〈「自然」の全秘密を解き明かす鍵[66]〉、〈「大秘法」の鍵であり、「生命の樹」の根[67]〉でもあります。

「万物照応」こそ、〈この宇宙［＝世界］の秘奥、高等魔術の究極の永遠の秘密[68]〉なのです。


【カードの象意】
●正位置：「テトラモルフと四元素」→**到達・達成・成就・完成・全体・永続性・無限大**／「ゲートウェイ」→**生命・誕生・終わりと始まり**／「万物照応」→**調和・バランス・ものごとが一致する**

●逆位置：「正位置」の反意→未完成・未達成・不満足な結論・挫折、あきらめ・中途半端・不調和・不一致　／「テトラモルフと四元素」の悪い側面→限界・不本意な結末・納得がいかない・閉塞感

②－02 女教皇　12 吊るし人

次に、タロット番号の1桁目に「2」を持つ2枚です。

◆数秘2

「数秘2」は、「相反・受容」を表します。

「2」とは、「1」がもうひとつ現れること。

2つのものは、「相反・対立」の関係を生み出します。

中世数秘術では「2」は人間の二元的性質、すなわち、「魂・肉体」を表していました。

この二元論は、「私たちの『魂』は天上の王国で造られたものの、『肉体』によって現世に縛り付けられている」という考え方からきており、グノーシス主義やカタリ派の教義にも通じています。

また、「2」の形は「陰陽図」の中央の曲線、つまり、陰と陽の境界線と似ていることから、〈陰と陽という2つの性質が調和した世界を象徴して〉[69]いるとも考えられます。

このことは、「2」は「相反・対立」だけでなく、「調和・バランス」も表すことを物語っています。

さらに、「2」は、「1」を「受容する」ことの象徴でもあります。

これは、セフィラ「②ダアト」、大アルカナ「02 女教皇」「12 吊るし人」の象意にはっきり表れています。

◆セフィラ②

・名称：ダアト（Da'at / Daat）
・称号：知識（Knowledge）
・役割：創造エネルギーの受容・原初の女性原理・至高の母
・惑星：冥王星（Pluto）

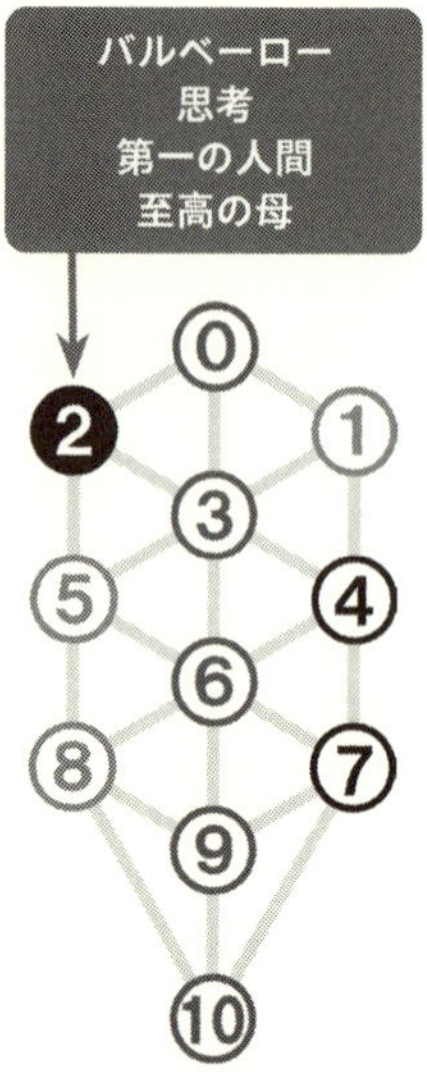

「セフィラ②」は、「生命の木」では「ホクマー（知恵）」です。
「生命の木」では非セフィラとされている「ダアト（知識）」ですが、「新・生命の木」では「②」に該当すると考えます。

「②ダアト」は、次のように、「02 女教皇」の象意に合致します。

- 〈ダアトの知識とは学んで得る知識ではなく、神の高次の知識を意味[70]〉する
- 〈ダアトは神を直接知る体験[71]〉を表す
- 「①ホクマー」が「原初の男性原理・至高の父」であるのに対し、「②ダアト」は「原初の女性原理・至高の母」

また、「新・生命の木」では、「②ダアト」を「①ホクマー」の左（「生命の木」の「ビナー」の位置）に配置します。

こうすることで、両者が一直線に並び、「①ホクマー」が発する「動力＝創造エネルギー」をしっかり受け取る（受容する）「②ダアト」の役割が、「数秘2」の象意と重なることが明らかになります。

「①ホクマー」と「②ダアト」が対等の位置関係に並ぶことは、「父性存在」と「母性存在」がカップルであることを意味し、「①ホクマー」が外に拡散するエネルギーを「②ダアト」内に取り込むことは、「受精」のプロセスを表しているともいえます。

加えて、グノーシス神話（救済神話）において、至高神「①」と、バルベーロー（第一の人間）「②」が、しばしば区別なしに「同一存在」として語られていることとも整合します。

ここまでのお話をまとめると、次のようになります。

- 生命の木　：①ケテル、②ホクマー、ダアトは非セフィラ
- 新・生命の木：⓪ケテル、①ホクマー、②ダアト

「②ダアト（知識）」を象徴する惑星は「冥王星」。

冥王星は、地球から一番遠い「惑星」とされていましたが、２００６年、国際天文学連合において、〈冥王星は「惑星」ではなく「準惑星」である、という結論が出されました[72]〉。

冥王星は〈潜在している事柄を支配[73]〉する惑星で、〈「大きな財」「大地の下に埋まっている黄金」「金融」などを象徴します。隠された大きな宝物、というイメージ[74]〉で、「ダアト」が非セフィラとして「隠されてきた」ことと符号します。

◆02 女教皇

【45】02 女教皇

「01魔術師」の〈胴体と両腕は、ヘブライ人がエジプトから借用したアルファベットの最初の文字[75]〉である「アレフ א」を表していますが、「02女教皇」は、第2文字「ベート ב」に対応します。

そして、この文字は「女陰」のかたちを表し、ものごとを「受け容れる」資質すなわち「女性性」を暗示しています。

絵柄の原典『受胎告知』では、処女マリアがキリストを妊娠したことを大天使ガブリエルに告げられ、彼女がそれを「受容する」シーンが描かれています（前著page 047）。「①ホクマー（創造者・至高の父＝01魔術師）」の精子が外に拡散するエネルギーを、「②ダアト（至高の母＝02女教皇）」が自らの内に取り込む「受精」のプロセスともいえます。

「②ダアト」は、カバラの長い伝統において「非セフィラ」として「隠されて」きました。

その象徴「冥王星」は、〈「そのようなものがある」と認識されながら、再度、意識の裏側に覆い隠されるかのように、「準惑星」に降格(76)〉されましたが、その経緯は、「ヨハンナ」と呼ばれた「女教皇」が、ローマ教会から「隠された」事情と似ています（前著 page 049）。「冥王星」や「ダアト」も、「女教皇」同様、〈そこに厳然とありながら、公式には隠されて(77)〉いるべき存在だったのです。

女教皇が〈謙虚な態度を取り(78)〉、膝の上で開いている書物は、〈愛によって或は普遍的慈悲によって教えられた［中略］普遍的条理(79)〉つまり「グノーシス」を表しています。

実際、「②ダアト」は「知識」という称号を持っています。

「読書する女性」は、14世紀以降に定番化した絵画モチーフで、「マグダラのマリア」がしばしば主人公として登場します（前著 page 048）。

娼婦である彼女は、イエスと出会ったことで改悛し、自らの「宿命」を「受容」して、彼の随行者となり、その磔刑と復活を見届けます。

【カードの象意】

●正位置：「女教皇ヨハンナ（処女懐胎）・聖母マリア（同）の『相反』、受胎告知（知性と啓示）・マグダラのマリア（宿命）の『受容』」→**思慮分別・バランス感覚に優れた・知識欲が高い・直感を受け入れる・洞察力がある・内省を深める・慎重に考え行動する**

●逆位置：「正位置」の反意→**極端で偏った考え方・軽薄な行動・反省しない・他人の話を受け容れない**　／「正位置」の悪い側面→**慎重すぎる・頑固・保守的・閉鎖的・秘密主義・神経質・悲観的**

◆12 吊るし人

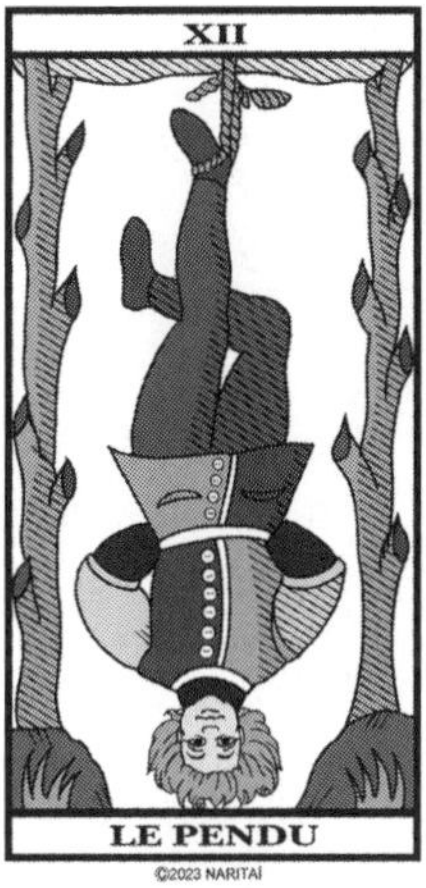

【46】12 吊るし人

このカードは、〈三本の樹または棒で組み立てられたヘブライ文字ת［タウ］の形をした絞首台に片足で吊るされている一人の男を描いて[80]〉います。

カード番号の「12」は、〈切り取られた枝の根が六つ残っている二本の樹の幹[81]〉に表れています。

〈男の両腕は頭部とともに一つの三角形を形づくり、そしてこの象形文字的形態全体は、上に十字形が乗っかった逆立ちした三角形のかたち、すなわち「大作業」の成就を表わし[82]〉ています。「大作業」とは、「幽光（アストラル・ライト）」を使う魔術です。

レヴィは、「大作業」に続いて「鍊金術」を紹介しています。

鍊金術とは、〈まったく無価値な品物までも、地上の芥屑《ごみくず》までも精神的黄金に変えることが出来る[83]〉術。

鍊金術を扱うには、世界の〈全体を寓意的に把え、次に唯一無二の教義の中に示されている万物照応すなわち照応の路を通って寓意から現実へと下ることが必要[84]〉です。

その教義とは、〈上なるものは下なるものに似ており、そしてその逆もまた成り立つ[85]〉というもので、「逆さに吊るされた男性」のポーズは、このことを視覚化したものです。

「上界（宇宙）と下界（地上）は「相反・対立」しておらず、相似の関係にある」ということを「受け容れる」ことが肝要なのです。

この絵はまた、〈世間一般には裏切り者ユダであって、この処刑は「大秘奥」を洩らす人間を脅《おど》している[86]〉ともいえます。

〈さらにまた、ユダヤのカバリストたちにとっては、［中略］キリスト教徒によって認知された「救世主」に対する抗議であって、［中略］己れすら救えなかった汝、その汝がいかにして他人を救えるのか(87)〉と言っているようにも見受けられます。

【カードの象意】

● 正位置：「吊るし刑」→**しんどい・身動きがとれない**／「苦行を受け容れる」→**試練・忍耐・自己犠牲・奉仕**／「相反する世界を受容する」→**視点を変える・相手の気持ちになる・執着を手放す・我欲を捨てる**

● 逆位置：「吊るし刑・苦行」の反意→**解放される・リラックスする・自由に振る舞う**／「世界を受容する」の反意→**自己主張・固定観念・執着・我欲に囚われる**／「吊るし刑・苦行」の悪い側面→**やせ我慢・自暴自棄になる**

3 — 03 女帝 13 死

続いて、タロット番号の1桁目に「3」を持つ2枚です。

◆数秘3

「数秘3」は、「生命・表出」を表します。

数学では、「1」は零次元の「点」、「2」は一次元の「線」を表します（点が2つで線になります）。

点がもうひとつ加わり「3」になると、二次元の「平面」、つまり、目に見える「かたち」が生まれ、「表出」という象意が導かれます。

また、「1＋2＝3」が示すように、男性的エネルギーの「1」と、女性的エネルギーの「2」から、新しい「生命＝3」が生まれます。

「3」の形は、〈卵が真っ二つに割れ、そこから何かが誕生[88]〉する様子のようで、ここにも「生命」の象徴が見てとれます。

「生命」を生み出すのは、悦びを自らに内包しながら拡げていく女性エネルギーで、その営為の結果こそ、最大の「創造」です。

つまり、「3」は、「拡がり・増加・創造性」の象徴ともいえます。

さらに、「三位一体」を示し、スピリチュアル（霊的）なものすべてを象徴する数字でもあります。

◆セフィラ③

- 名称：ビナー（Binah）
- 称号：理解（Understanding）
- 役割：創造材料の貯蔵
- 惑星：土星（Saturn）

「セフィラ③」は、「ビナー（理解）」。

「理解」という称号が示すように、「①ホクマー（知恵）」「②ダアト（知識）」からの〈創造の源〉[89]を受けとめ、いったん自らが「容器」となって、そのエネルギーを「貯蔵」します。

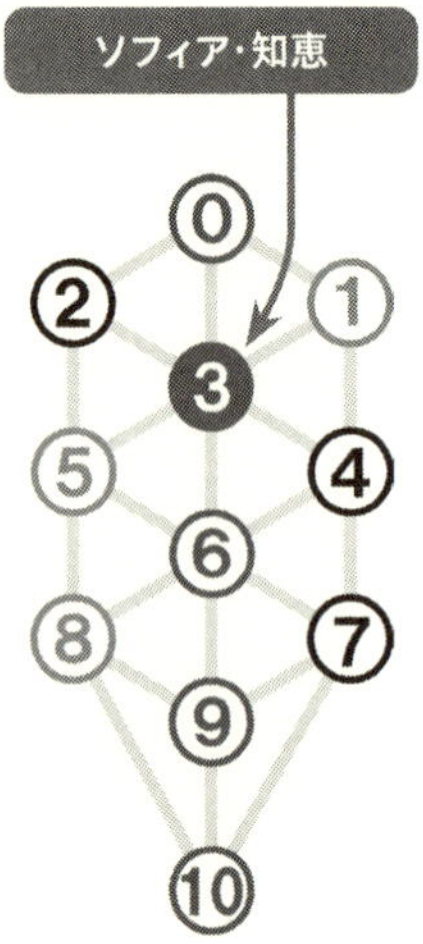

したがって、〈創造に必要な材料がすべて揃うまで保管しておくという働き[90]〉を担います。

「新・生命の木」では、「③ビナー」は「生命の木」の「非セフィラ＝ダアト」の位置に来るので、①②③の関係は左のようになります。

① ホクマー（知恵）↙

③ ビナー（理解）

② ダアト（知識）↘

右図に示したように、「③ビナー」は〈神の身体の中央を占める六つのセフィロートを生み出す源泉(91)〉でもあり、〈世界創造のきっかけを作る神の力であり、俗なる平日の六日間［④〜⑨］がはじまる直前のセフィラー(92)〉だと考えられます。

つまり、〈旧約聖書の「創世記」に描かれている「天地創造の7日間」［④〜⑩］では、1日目に天と地が創造されましたが、これはつまり1日目にはすでに物質化が始まっているということであり、ビナー［③］はその直前、創造前夜のようなイメージ(93)〉なのです。

〈6日間に渡って創造される世界のあらゆる物質の「源」が、次々とビナーに貯められていき［中略］それまで形を持たなかった「源」が形を持ち始め、同時に、命が吹き込まれます(94)〉。

なお、『ヨハネのアポクリュフォン』（§23）に登場する「四つの輝く者」には12のアイオーン（神的存在）が配置されています。

本書では、そのアイオーンの末端に位置する「ソフィア（知恵）」が、「③ビナー」に該当すると考えます。

「③ビナー（理解）」を象徴する惑星は「土星」。

占星術が生まれた時点では、〈土星は太陽系の最も外側の星でした。いわば、その外側の世界との「国境線」です。外側にいる未知なるものと対峙する星ですから、［中略］恐怖や、外に対峙するために必要な内側の規律などを、この星が担っているわけです[95]〉。

占星術上の〈土星は暗く重たく陰気な凶星で、関係するすべての事柄に長期の忍耐と努力を必要とする障害を置きます。しかし、土星の与える試練は自己完成に役立ちます。現世を生き抜く経験的知恵や宿命の力に対する敬虔な信仰心など[96]〉を与えてくれます。

なお、地球「⑩」から見て、土星「③」の〈向こうには、望遠鏡を使わないと見えない天王星［①］・海王星［⓪］・冥王星［②］があります。この3つの星は［中略］無意識の世界を扱うとされています。無意識の世界との境界線が、土星なのです[97]〉。

今度は「新・生命の木」を上から見てみましょう。

グノーシス神話では、ソフィア「③」がパトス（熱情）にとりつかれ、私的な情欲から「異常な地球」「⑩」に変身してしまい、そこへ、外来生命体「ヤルダバオート」が乗り移ってきます（page 056-057）。

土星が「社会性」を象徴することはよく知られていますが、〈ルールや規範意識も土星の管轄です[98]〉。

神々の世界の規範を犯すことになるソフィア「③」の位置に「土星」が配置されているのは、私たちに〈社会的責任、目指すべき目標[99]〉を示唆しているため、と考えられます。

◆03 女帝

【47】03 女帝（再掲）

数秘術において「最高の聖数」と考えられている「3」は、「父母娘の三位一体」を意味します。

マルセイユ・タロット「大アルカナ」、グノーシス神話から、次のように表すことができます。

01 魔術師＝至高の父 ↙

02 女教皇＝至高の母 ↘

03 女帝＝娘

この関係は、次のように置き換えることができます。

01 イエス・キリスト ↙

02 マグダラのマリア ↘

03 サラ＝娘

「新・生命の木」のセフィラ配置ともピッタリ合致し、「①ホクマー」「②ダアト」「③ビナー」は、グノーシス神話の「至高神」「バルベーロー」「ソフィア」に相当します。

① ホクマー＝至高神 ↙

② ダアト＝バルベーロー ↘

③ビナー＝ソフィア

レヴィは、〈三つ組は愛の目標であり、至高の表現[100]〉、〈「カバラ」、すなわちわれわれの祖先の「聖なる伝承」全体をつらぬく根本原理[101]〉と記しています。

実際、〈片手に「黙示録」の鷲を、そして、もう一方の手に、錫杖の端に吊るされた地球を携えている翼を生やした[102]〉「女帝」は、〈神の「精神性」を表わして[103]〉います。

さて、「三位一体」には、「命を生む」という象意があります。〈一《いっ》でしかなかったとすれば、「神」はけっして「造物主」にも、「父」にもなりえなかった[104]〉し、〈二であれば、[中略]あらゆるものの分割、あるいは死へつながる[105]〉のに対し、三は、〈自らをもとに、自らの姿に象《かたど》って際限なく多数の存在[106]〉を創造できるからです。

「女帝」が「母性・豊穣」「大地母神」を象徴する理由はここにあり、グノーシス神話でも、「③ビナー」が契機となって、惑星宇宙「③～⑨」と、地球「⑩」が創られていきます。

【カードの象意】

●正位置：「大地母神の母性」→**霊性が高い・母性・愛情深い・感情が豊か・結婚・悦び・妊娠・出産・繁栄**／「数秘3＝生命・表出」→**創造性・クリエイティブ・成功・満足**

●逆位置：「正位置」の反意→**不調・不満・恋愛の破綻・失敗・嫌いなできごと・情緒不安定・寂しい思い**／「大地母神の母性」の悪い側面→**快楽に溺れる・パートナーに依存・浪費・マンネリ化**

◆13 死

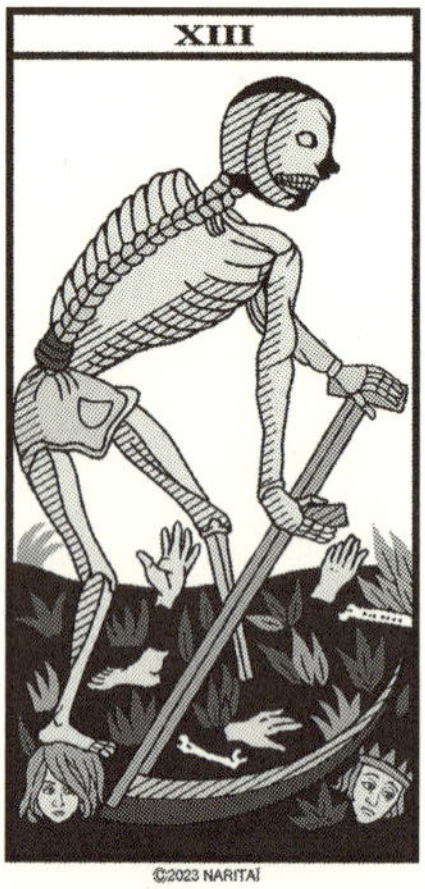

【48】13 死

「数秘3＝生命・表出」を持つ「13死」は、「死」だけではなく、「再生」による「生命の表出」を暗示するカードです。

人間が死ぬと、〈地上と大気の中に二つの屍、一つは地上的・物体的な［ア］、もう一つは大気的・天体的な［イ］二つの屍[107]〉が残されます。

〈人間が立派に生きたときには、霊体の屍［イ］は上層目指して登り清らかな香のように霧散[108]〉します。

この霊体は、「来世に向けて転生＝再生」することになります。

一方、〈罪の中で生きた場合には、その霊体の屍［ア］が彼を虜《とりこ》にして、その情念の対象をなおも探し求め、もういちど自分を生命へ連れ戻したいと[109]〉願います。

〈しかしやがて天体が彼を吸い込み、呑み下だし、［中略］存在全体が融け去るのを感じる……以前の悪徳が彼の眼前に現われ、醜悪な姿をまとって追い掛け、襲いかかり、彼を食い滅ぼし……哀れな屍は［中略］手足を次ぎ次ぎ一つ残らず失い、やがて彼は［死神となって］二度目の、これが最後の死を迎える(110)〉のです。

このカードが表しているのは、そのような「地上的な屍（ア）」で、「死神」に切り刻まれる屍のおぞましい姿を通して、「立派に生きて天上に昇る」ことを、私たちに諭しているのでしょう。

「③ビナー」の象徴「土星」は「試練を与える星」ですが、この星も、私たちが「再生」できるよう、善行を促しているのです。

【カードの象意】

●正位置：「生命を刈り取る死神」→**終わりを迎える・結論が出る・別れる・離れる・避けて通れず**／「死後の再生」→**再スタート・心機一転・リセット・白紙に戻る・再生・改革・刷新**

●逆位置：「死・終末」の反意→**ダラダラ続く・結論が出ない・長期化・腐れ縁**／「再生」

の反意→**変われない・同じことを繰り返す・マンネリ化**　／「再生」の悪い側面→**産みの苦しみ**

4 —04 皇帝　14 節制

続いて、タロット番号の1桁目に「4」を持つ2枚です。

◆数秘4

「数秘4」は、「安定化」を表します。

「3つの点」は二次元の「平面（目に見える形）」を生み出しますが、もうひとつ加わった「4つの点」は、三次元の「立体（三角錐）」を作ります。

初めて、「安定した物体」ができるのです。

したがって、「4」は、「物質界」を象徴します。

また、「4」は「四元素（地・水・火・風）」を表すことから、「世界」「秩序」「構造」「システム」を表徴します。

さらに、「世界・秩序・構造・システムを安定化する」という意味合いから、「保護」「慈悲」という象意が生まれます。

◆セフィラ④

- 名称：ケセド（Chesed）
- 称号：慈悲・慈愛（Kindness / Love）
- 役割：形成・同化作用
- 惑星：木星（Jupiter）

「セフィラ④」は「ケセド」で、称号は「慈悲」です。

これ以降、セフィラの位置・象意は、「生命の木」「新・生命の木」で違いは生じないので、原則として「生命の木」と総称します。

さて、〈ビナー［③］で創造の源に生命が吹き込まれ、ケセド［④］から具体的な創造が始まっていきます[111]〉。

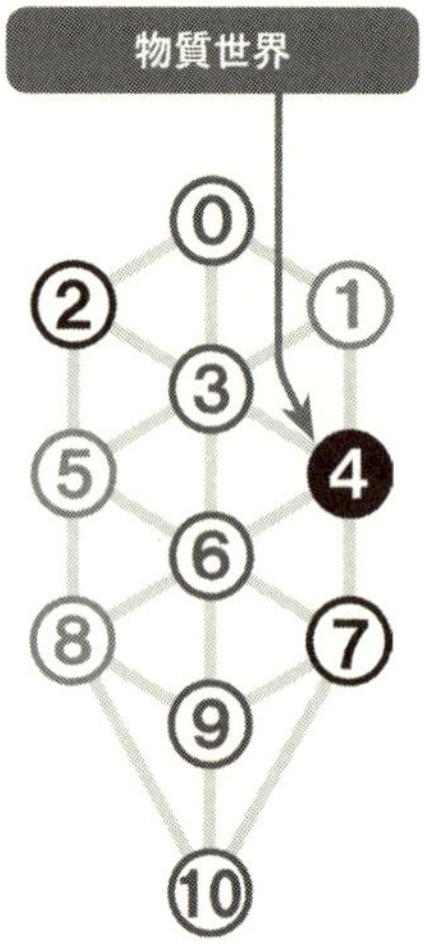

つまり、④から⑨の6つのセフィラは、旧約聖書『創世記』に書かれている「天地創造」の「6日間」に対比することができます。

ただし、6つの各セフィラの象意は、カバラの教義に従っており、聖書の「天地創造」プロセスに対応しているわけではありません。

セフィラ「⑩王国」は、6日間の創造プロセスを経たゴール、つまり、「地上世界が完成して、神が休息をとる7日目」を表しています。

「4」が物質界を象徴するように、「④ケセド」には〈現実化・物質化に向けてエネルギーが少しずつ集まり出す〉[112]イメージがあり、その働きは「形成」「同化作用」といえます。

また、〈ケセド［④］はホクマー［①］と同じく強い動力のセフィラであり、創造に向けた舵取りが行われていることから、「国造りの王」と呼ばれることもあり［中略］国造りの王としての働きは、「プランニング」と言い換えることもできます[113]〉。

「プランニング」に欠かせない〈全体把握力や統率力こそがまさに国造りの王の力であり[114]〉、それを体現しているのが「04 皇帝」といえるでしょう。

「④ケセド（慈悲）」を象徴する惑星は「木星」。

木星は〈成功・発展・拡大・保存[115]〉を司り、〈精神的分野・物質的分野、どちらにも保護と恩恵を授けます[116]〉。

そして、〈人間の意識を最高至善の目的へと導き、正義と道徳を尊ぶ精神［中略］を与えます。先見力もあって正しい社会的見通しを与え[117]〉てくれることから、〈「高い価値のあるもの」「理想」といった、美しく「善い」イメージ[118]〉を伴います。

これらのことは、「04 皇帝」の人物像とピッタリ重なります。

◆04 皇帝

【49】04 皇帝

「03女帝」が象徴している〈三つ組の概念に統合のそれを加えると[119]〉「4」になり、〈最初の完全な平方数、数字のあらゆる組合わせの出発点、あらゆる形態の原理[120]〉を表すようになります。

また、「4」には、次のような象意があります。

- 万物創造の根源〈「神の言」、「唯一無二の言葉」、「聖四文字」[121]〉、つまり、「יהוה / YHWH / エホバ（ヤハウェ）」（「י / yod / ヨッド」、「ה / he / ヘー」、「ו / waw / ヴァヴ」、「ה / he / ヘー」）を表徴
- 〈魔術〔錬金術〕の四要素[122]〉、「塩・水銀・硫黄・アゾト」のほか、「人間・鷲・牡牛・獅子」「水・空・地・火」を象徴
- セフィラ「④ケセド」の称号は「慈悲」

「数秘4＝安定化」に、右を加味すると、皇帝が「慈悲の心で物質界（地上）を安定させ

る」統治者であることが分かります。

なお、脚を「4の字」に組んでいる姿は「十字架」の表象で、〈相交わる二直線から構成される自然の四つ組[123]〉、すなわち、「高さ、左右に二分される幅、深さ」は、〈創造の神秘の発現[124]〉といえます。

つまり、皇帝は〈世界の支配者[125]〉でもあるのです。

【カードの象意】

●正位置：「数秘4」→**安定・秩序**／「④ケセド」→**統率力・リーダーシップ・実現力・全体を把握する・保護・慈悲の心**／「④ケセド＝木星」→**成功・発展・拡大・先見性**／「過去（左方向）への視線」→**内省・経験から学ぶ・過去を振り返る**

●逆位置：「④ケセド」の反意→**意志が弱い・あきらめが早い・行動が伴わない**／「④ケセド」の悪い側面→**横暴・わがまま・強引・パワハラ・プライドが高すぎる**／「過去への視線」の悪い側面→**慎重すぎる・臆病になる・過去に執着する**

◆14 節制

【50】14 節制

「4」が「地上世界の安定化・創造」を示すのに対し、「14」は「スピリチュアルな世界での安定化・創造」を表します。

さて、カードの英語・仏語名「Temperance」が「調合」という意味を持っているように、女性天使が2つの水瓶で液体を調合する姿は、明らかに「錬金術」を表しています。あるいは、「13死」でみた「霊体」が〈霊魂と物質的肉体との中間に位置する(126)〉ことを表わしているともいえます。

霊体は〈肉体が眠っているあいだも目覚めていて、思考の誘うがままに［中略］どのような空間の中へでも出かけ(127)〉ます。

つまり、女性天使が手にしている片方の水瓶は「霊魂」、もう片方は「肉体」の象徴で、中に入っている液体は「霊体」なのです。

また、〈私たちは想像力によって他人の想像力に、私たちの霊体によって他人の霊体に

［中略］働きかけ［中略］、引き寄せたり、或は取り憑いたりするかたちでの共鳴を通じて、［中略］こちらから働きかけたい相手と一体化[128]〉します。

「愛」もまた、「共鳴」の一形態です。

カードの絵は〈愛に於ける精神的連帯性の教義[129]〉、〈そのすぐれた聖《きよ》らかさと大いなる力強さのいわれを解き明かすもの[130]〉として描かれているともいえるでしょう。

〈魔術から生じる愛の魅惑、これこそ真に驚異であり、実際に人間と物質を変容させるものではなかろうか？　愛こそは世界を変貌させる魔法の夢[131]〉なのです。

【カードの象意】

●正位置：「節制」→**節度・自制心**／「錬金術の調合」→**バランス・調和・協調・中庸・対立を安定させる・道理にしたがう**／「霊体（水瓶の液体）」→**共感・共鳴・相手と一体化する・引き寄せる**

●逆位置：「節制・錬金術」の反意→**節度がない・強引・無理をする・自分本位・不調和・不自然・想定外のハプニング**／「節制・節度・自制心」の悪い側面→**臆病・慎重すぎる・自分に厳しすぎる**

⑤―05 法王 15 悪魔

続いて、タロット番号の1桁目に「5」を持つ2枚です。

◆数秘5

「数秘5」は、「揺らぎ・再統合」を表します。

〈安定した「4」に1つのエネルギーが加わることで、動きが起こります（132）〉。

「5」の基本的な象意は「動き」ですが、「どのように動くか」によって、「揺らぎ」「再統合」の意味に分かれます。

セフィラ「⑤ゲブラー」では、それぞれ、「破壊」「新たな創造」という象意に対応します。

「揺らぎ」という象意は、「五芒星☆」を一筆描きするとき、ペンが離散・散逸的な軌跡を辿るようなイメージに表れています。

陰陽五行説の「五元素（木火土金水）の相克・統合」の象徴でもあり、元素が変遷してい

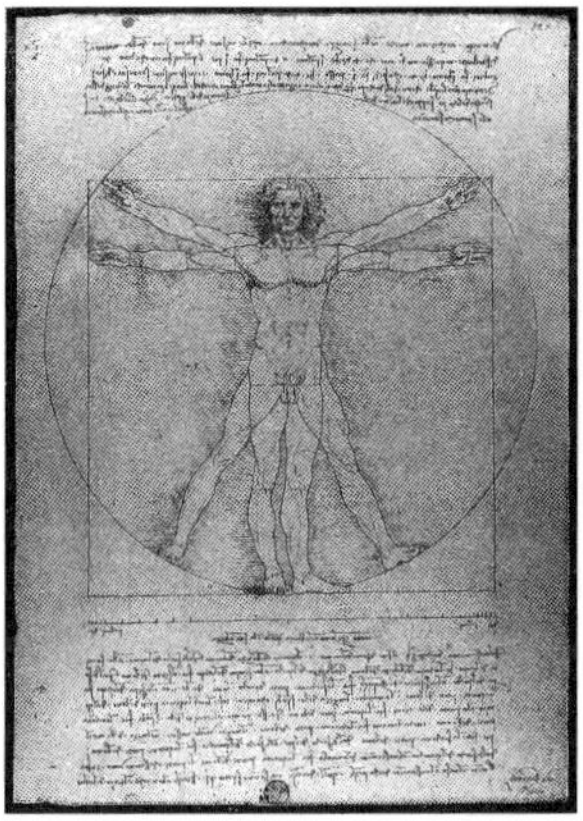

【51】『ウィトルウィウス的人体図』

く（＝揺らいでいく）様子から、〈変化、多才、自由、行動[133]〉という象意にもつながります。

また、「五芒星」は、レオナルド・ダ・ヴィンチの『ウィトルウィウス的人体図』（1485－1490頃）のように、〈手足を広げた人間の姿として見ることができます。人間は五感によって、外の世界とつながります。5は地水火風に続く、第5の元素エーテルであり、エーテルは天上界を構成し、すべての元素の中に浸透します[134]〉。

ここから、「再統合」という象意が生まれ、「五芒星」は「霊性で地上を統合する聖職者」のシンボルとなっています。

◆**セフィラ⑤**

●名称：ゲブラー（Gevurah / Geburah）
●称号：峻厳・強さ（Severity / Might / Strength）
●役割：破壊・異化作用
●惑星：火星（Mars）

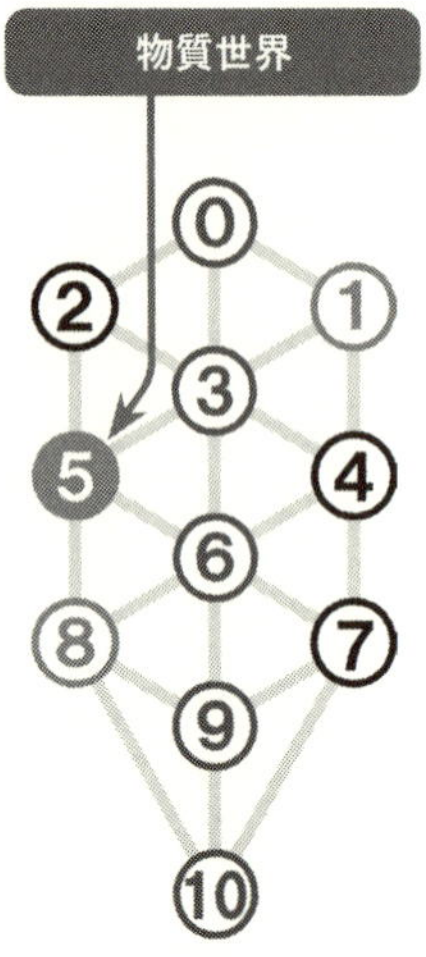

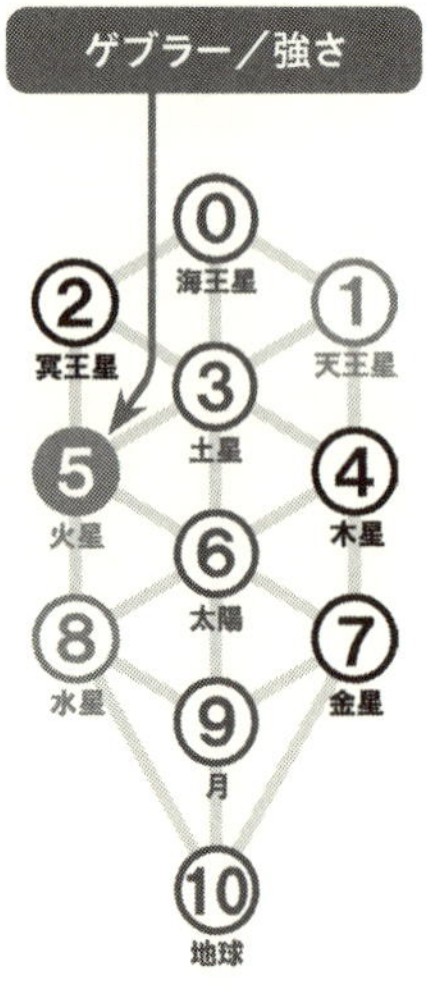

「セフィラ⑤」は「ゲブラー」で、「峻厳・強さ」という称号を持ちます。

「峻厳」とは「非常に厳しい」という意味で、〈もっとも力があり、もっとも恐れられて〉[135]いるセフィラです。

「生命の木」において、「⑤ゲブラー」は「④ケセド」の対面位置にあり、左右の「柱」を代表しつつ、対照的な役割を持ちます（page 098-099 図【21】【22】）。

- ④ケセド　：慈悲、慈悲の柱（右の柱）、形成・同化作用
- ⑤ゲブラー：峻厳、峻厳の柱（左の柱）、破壊・異化作用

つまり、〈ケセドの働きによって集まり、固まりつつある［＝同化］もののなかから「ゲブラーが」過剰な要素を排出［＝異化］し、欠如した要素を見抜いて新たな要素を加える[136]〉のです。

「⑤ゲブラー」の「破壊・異化作用」は「新陳代謝」のようなもので、〈形成と破壊の繰り返しによって創造性はより磨かれ、新しい創造が生まれていくことになります[137]〉。

「⑤ゲブラー（峻厳）」を象徴する惑星は「火星」。

火星は、ギリシア神話の戦いの神「マルス」です。

〈活気に満ちていて、欲求が強く、怒りや集中力といった熱い生命力を感じさせる星[138]〉で、

〈競争心や闘争心、攻撃力、激しい外向けの欲求、ロゴス(139)〉など、「男性性」を象徴します。〈戦争・暴力などの凶事も火星が司るところです(140)〉。

まさに「15 悪魔」の象意と重なるところ大ですが、カタリ派に「悪魔」と考えられていた「05 法王」の隠れた一面をも捉えています。

◆05 法王

【52】05 法王

地上の統治者「04 皇帝」が象徴する〈四つ組の上に統合を付け加えるなら、神の綜合的概念(141)〉つまり「法王」となります。

安定した「4」に「揺らぎ」を与え、その「異化作用」によって、より上位の創造つまり「再統合」を図るのが「5」なのです。

また、ピュタゴラスの定理「$3^2+4^2=5^2$」にならうと、「03 女帝」と「04 皇帝」を統合した高次の存在が「05 法王」ということになります。

なお、「5」のシンボル〈「五芒星」は「カバラ」において「小宇宙の記号」と名付けられて〉[142]おり、「ミクロコスモス＝人間」を表象。
『ウィトルウィウス的人体図』が、まさにその典型です。

さらに、〈「五芒星」は四大要素に対する精神の支配を表明するものであり、空気の悪霊、火の精霊、水の魔物、地の亡霊は、この徴しによって縛り付けられ［中略］天使の軍団と悪霊の隊列を自分の配下に仕えさせることも可能〉[143]となります。
カードに描かれた「2人の従者」は、法王の支配下にある「天使の軍団と悪霊の隊列」を暗示しているのかもしれません。

【カードの象意】

- 正位置：「数秘5＝揺らぎ」→**ひとの心を揺るがす・弱みにつけ込む・疑心暗鬼・慣習に囚われない・状況を変化させる力**／「数秘5＝再統合」→**支配欲・心を束縛する・いったん壊して作り直す**
- 逆位置：「揺らぎ」の反意→**形式的・保守的・慣習に囚われる・世間体を気にする**／

「揺らぎ・再統合」の悪い側面→**反道徳的・非人道的・権威的・高圧的で上から目線・モラハラ・パワハラ・思いやりがない・独善的・エゴイスト**

◆15 悪魔

【53】15 悪魔

「15悪魔」は、人間を誘惑し、堕落（＝道徳から逸脱）させます。

「数秘5」の象意のように、「性」などの罠を用いて人間の魂・精神に「揺らぎ」を与え、「捉え・絡めとる（＝再統合する）」存在。

「⑤ゲブラー」が示す通り、人間の心を「破壊・異化」するのです。

一方、レヴィによると、このカードが描いているのは「黒魔術」。

黒魔術では、「幽光（アストラル・ライト）」が召喚されます。

〈理性によって喚び出されるときは、調和のとれた形態が産み出される[144]〉のですが、〈狂気によって喚び出されるときは、無秩序な醜悪なかたちで出現する〉[145]ことになります。

そして、〈儀式に則って悪魔に呼びかけるとき、悪魔は訪れ、そしてわれわれの目の前に姿を見せる〉[146]のです。

逆に考えるなら、人々が幽光に対して「狂気」で働きかけなければ、あるいは、「邪まな儀式」を開いて悪魔に呼びかけたりしなければ、「悪魔など存在し得ない」ことになります。悪魔を怖がる必要などまったくない、ということです。

【カードの象意】

●正位置：「囚われ人」↓**何かに囚われている・執着・依存・束縛**／「数秘5＝揺らぎ」
↓**欲望・誘惑に負ける・快楽に溺れる・不倫・三角関係・反社会的・中毒**

●逆位置：「正位置」の反意↓**立ち直る・自立・克服・自分を取り戻す・気力が回復・束縛から解放される・過去を清算する**

6 ―06 恋人 16 塔

続いて、タロット番号の1桁目に「6」を持つ2枚です。

◆数秘6

「数秘6」は、「神の意志」、転じて、「愛・完全・理想」を表します。

「ダヴィデの星✡（六芒星）」も、「完全・理想」の象徴です。

「六芒星✡」は、〈男性性と女性性、天と地、創造性と受容性といった2つの三角形△▽が統合されて[147]〉いることから、〈6は愛、調和とバランス、美を体現します[148]〉。

「6」の形は、〈おなかに大切な命を宿している妊婦[149]〉のイメージともいえるでしょう。

また、因数（1、2、3）を加える（1＋2＋3）と、「6」自体になり、数学では「完全数」といわれています。

さらに、「水の分子」「雪の結晶」「ハチの巣穴」など、自然界の形「六角形」がよく見られますが、これは、最小エネルギーで最大効果を得るための「理想的」な形状です。

◆セフィラ⑥

- 名称：ティファレト（Tiferet / Tiphareth）
- 称号：美・調和（Beauty / Harmony）
- 役割：創造エネルギーの変換、ハイヤーセルフ
- 惑星：太陽（Sun）

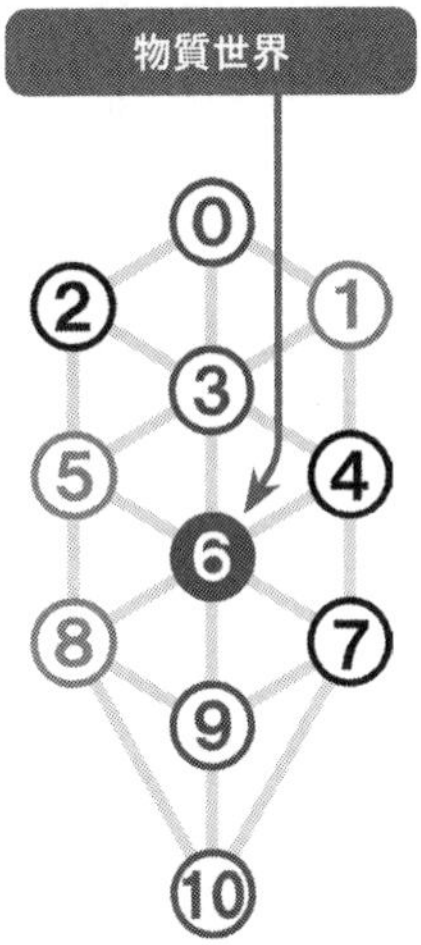

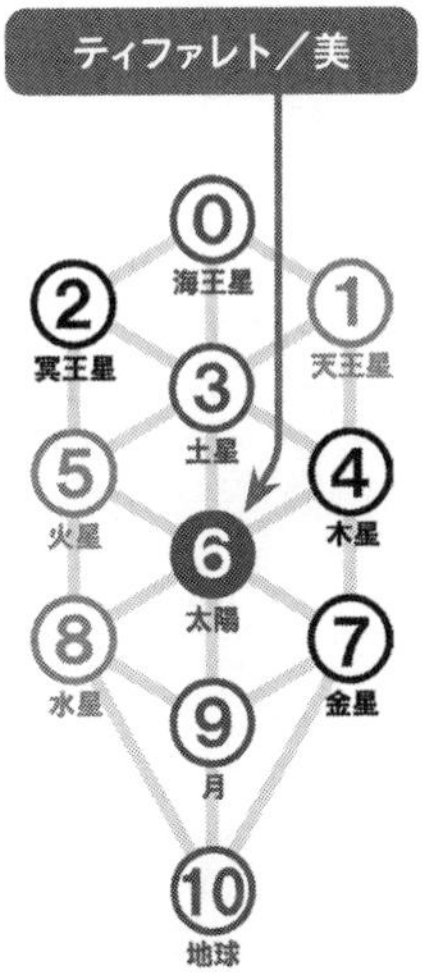

「セフィラ⑥」は「ティファレト」で、称号は「美・調和」です。

ちなみに、「生命の木」は〈4つの世界で表され、上から順番に、アツィルト（流出界）、ブリアー（創造界）、イェッツラー（形成界）、アッシャー（活動界）と呼ばれます[150]〉。「⑥ティファレト」は、ブリアー（創造界＝精神世界）の下端に位置し、その下のイェッツラー（形成界＝感情世界）に繋がります。

「⓪ケテル」に端を発し、「①ホクマー」から「⑤ゲブラー」を経て流れ出てくるエネルギーに対し、「⑥ティファレト」は「変圧器」のような役割を果たしてエネルギーの質を「変換」するのです。

その結果、そのエネルギーは〈少しずつ私たちが感知できるようになっていき［中略］ティファレト以降の生命の木の働きは、自分自身に意識を向ければ認識でき、また、現実的に私たちに影響を及ぼす力を持つようになります[151]〉。

また、「⑥ティファレト」は、セフィラ「③④⑤⑦⑧⑨」で作られる六角形の中央に位置し、それらを〈見渡し、均等に保とうとする[152]〉働きを担います。

とくに、「④と⑤」「⑦と⑧」それぞれの対立関係を「中和」する重要な役割を果たします。

「⑥」が「美・調和」という称号を持つのは、セフィラ間の「均衡」を保ち、対立を「中和」する働きに由来するのでしょう。

さて、今度は、逆方向の動きをしてみましょう。

〈私たち人間はマルクト［⑩］の世界に住んでおり、［中略］少しずつ生命の木を上に登る[153]〉と、〈ティファレト［⑥］までたどり着いた時、身体・心・魂が統合されそこで神の声を聞くことができる[154]〉ようになります。

〈生命の木を登るプロセスこそが自己回帰への旅であり、ティファレトは自己回帰のセフィラとも言われています[155]〉。

つまり、ティファレトは、〈「日常の私」を超えた「本当の私」[156]〉、すなわち、「ハイヤーセルフ」にほかなりません。

一方、「⑥ティファレト」を超えた先、〈ゲブラー［⑤］より上は私たちの生きる世界とは別次元になるため、ゲブラーより先に進むには肉体を脱いでいくことになります。［中略］

「意識のみが別次元へ旅立つ[157]」〉イメージと考えてよいでしょう。

〈そしてゴール地点であるケテル「⓪」は「原点回帰」。原点、つまり、神の元に還る場所です[158]〉。いわゆる「アセンション」は、このことを指しているのです。


「⑥ティファレト（美・調和）」を象徴する惑星は「太陽」。

「生命の木」の中央に位置し、「⓪ケテル」から発する創造エネルギーの変換器である「⑥ティファレト」同様、「太陽」は太陽系の中心にあり、地球に住む私たちに生命エネルギーを与えてくれます。


占星術では、人間の〈精神と基本的性格を決定し、意識の目覚めと自己実現[159]〉を促すとともに、〈人間としての尊厳と気高さ[160]〉を最大の贈り物として与えてくれます。

まさしく「自己回帰」のセフィラに相当する星といえます。

◆06 恋人

【54】06 恋人

このカードの主役は「クーピド」。母親である「愛の女神ヴィーナス」の意志、すなわち「神の意志」を人間に伝え、「調和・完全性・理想」を生み出します。

「6」は「2重の三つ組」を表し、人間のうちに存在し、〈流体の吸引と放射をつかさどる三つの中心[161]〉つまり〈脳髄、心臓すなわち上腹部、それと生殖器[162]〉の象徴です。

なかでも、〈生命の中心部[163]〉である心臓は、人間関係において〈共感的同化という特性[164]〉を持っています。

たとえば、〈二人の人間の磁気的雰囲気の均衡がとれている場合には、[中略]己れの味わった感情に似かよった光線すなわち反射をぜんぶ自分の方へ呼び寄せ[165]〉ます。〈もし両者の性が異なる場合には、二人のうちに、[中略]いわゆる情念すなわち愛[中略]が産み出される[166]〉のです。

カードには「三角関係」にある男女が描かれています。

中央の男性は、左の女性に惹かれていますが、女神の意志を受けたクーピドは、右の女性との間に愛が生まれるように画策しています。

【カードの象意】

●正位置：「数秘6＝神の意志」→**調和・協調・共感・絆が深まる・直感に従う・正しい選択・喜び・愛が育まれる・ラブラブな関係・理想的なパートナーが見つかる**

●逆位置：「正位置」の反意→**不調和・別れ・寂しい・判断ミス・選択を誤る**／「正位置」の悪い側面→**優柔不断・自分で決められない・感情のいいなり・誘惑に負ける・きちんと考えない**

◆16 塔

カードの第一印象は、旧約聖書『創世記』の「バベルの塔」。

「天高く神の領域まで届く塔が建てられようとしていたが、神の怒りに触れて壊され、人々は各地に散らされた」という物語です。

©2023 NARITAI
【55】16 塔

「⑥ティファレト＝調和」と「数秘6＝神の意志」を合わせると、宇宙の「調和」を乱す人間の行為が、「神の意志」によって罰せられる、という解釈になります。

「塔（数秘6）」をつくるという人間の行為が、地上界（⑩マルクト〜⑦ネツァク）を超えて、天上界（⑤ゲブラー〜⓪ケテル）を侵しそうになったので、神が「怒りの一撃」で止めたということです。

もうひとつの解釈は、カードのフランス語名が「La Maison Dieu（神の家）」であることから、「塔に囚われていた人間が神の恩寵（＝神の意志）によって解放される」というもの。

前のカードとの関連から、「15悪魔」に囚われていた2人が「解放される」ことの暗示と考えられます。

【カードの象意】

- 正位置：「神の怒り」→**事故・損失・積み上げてきたものが崩壊する・衝撃的なできごと・想定外のトラブル**／「神の恩寵」→**執着や囚われから解放される・ストレスから逃れる・これまでの自分から脱皮する・考えが一変する・最悪の事態を回避できる**
- 逆位置：「正位置」の反意（＝神の意志がはたらかない）→**膠着状態・動揺が続く・安定しない・出口が見えない・混乱が深まる**

7 ─07 戦車　17 星

続いて、タロット番号の1桁目に「7」を持つ2枚です。

◆数秘7

「数秘7」は、「本能・探求」を表します。

「探求」とは、動物にはない「本能」で、人間らしさの一部です。

「7」の形は〈斜め右に傾いて直線で貫く矢(167)〉をイメージさせますが、ここから、「探求」

という象意が生まれます。

「三・四・五・六角形」と違って、「正七角形」を描くのは複雑ですが、「7」には数学的な「規則・神秘」が内在しています。

人間にとって「本能は隠れたもの」であるように…。

- 1／7＝0.142857142857142857……（延々と142857が続きます）
- 最初の7つの素数の平方和は666（つまり、$2^2+3^2+5^2+7^2+11^2+13^2+17^2=666$）

また、「神秘性」は、色々な比喩を用いて「7」に込められました。

- 中世の時代、「魂＝3」と「肉体＝4」の和である「7」は、「心身二元性」の象徴と考えられた
- 神は「世界創造」に「7日」を要した
- 7つの徳（智慧・剛毅・節制・正義・信仰・慈愛・希望）と、7つの悪徳（愚鈍・移り気・憤怒・不正・不信仰・嫉妬・絶望）

なお、「未知なる神秘は探求によって明らかになる」ことから、「ラッキー7」は、「探求の結果としての幸運」が本来の意味です。

◆**セフィラ「⑦」**

- 名称：ネツァク（Netzach）
- 称号：勝利・永遠（Victory / Eternity）
- 役割：情動・本能
- 惑星：金星（Venus）

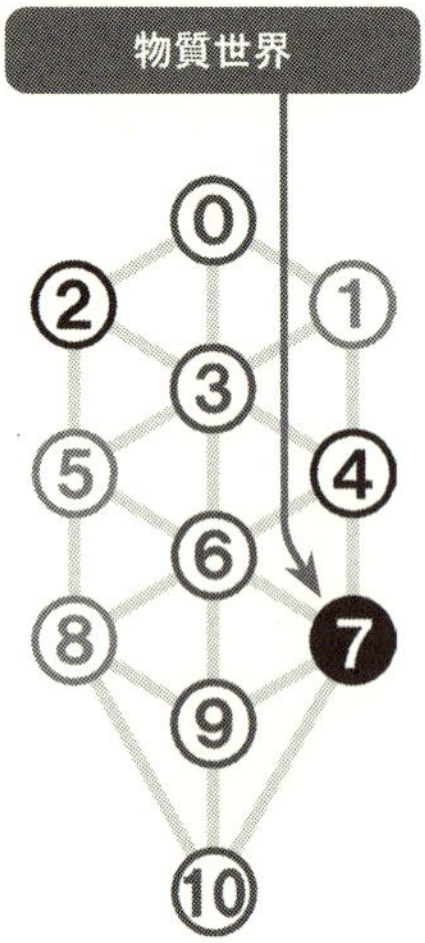

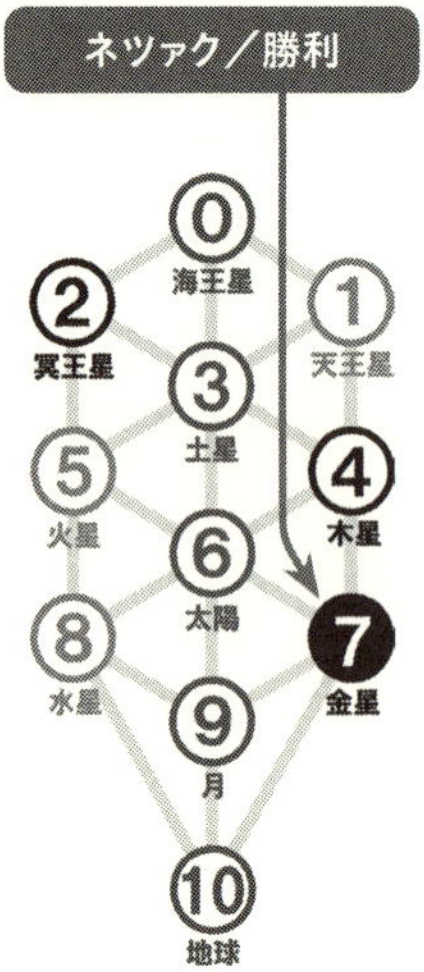

「セフィラ⑦」は「ネツァク」で、称号は「勝利・永遠」です。

「⑦ネツァク」の役割は「情動」で、具体的には、〈「本能」「愛」「性」「感情」「欲望（欲求）」などを表します[168]〉。

これらは〈すべて人間が生きていく上で必要な性質であり、［中略］人間が人間らしくあるため[169]〉の要素を「⑦ネツァク」が担っているといえます。

また、生理的観点から見ると、「本能」とは〈意識せずとも生命がある限り呼吸や各臓器が自然な活動を続けるように、繰り返し続く動き[170]〉、つまり、「無意識」と捉えることができ、このことから「永遠」という称号が導かれることになります。

「生命の木」を下から上に辿ると、〈マルクト［⑩］から始まる自己回帰の旅路では、自己回帰地点であるティファレト［⑥］のひとつ手前がこのネツァック［⑦］[171]〉で、〈自己回帰を達成するための最後の関門[172]〉に当たることが分かります。

〈ネツァックの領域で情動に屈してしまった、つまり自身の本能や欲望に負けてしまった[173]〉

ということでは「自己回帰」できない、すなわち、「勝利」に至ることができないのです。

〈しかし、本能があるから危険を回避することができ、愛情や性欲があるから種が繁栄でき、感情は文化を豊かにし、あらゆる欲求が文明を発達させてきた[174]〉ことを踏まえると、大事なのは〈ネツァックを否定することではなく、自分の中のネツァックを理解し、自分自身の一部として受け入れることです[175]〉。

「⑦ネツァク（勝利）」を象徴する惑星は「金星」。

金星が「愛と美の女神ヴィーナス」の名を持つように、「⑦ネツァク」の「勝利」のあり方のひとつは、「生命の木」による創造プロセスにおいて、「愛や芸術性」を発揮すること。

「愛と美」は、ネツァクの役割である「情動」のあくまで一要素。

「情動」とは、〈人が無条件に「いい！」と思えるもの[176]〉で、〈人生の一切の喜びと快楽の源泉[177]〉といえるので、〈心地よさや豊かさ、「お金」もこの星の管轄[178]〉です。

◆07 戦車

【56】07 戦車

このカードを読むポイントは、「進行方向に回らない車輪」「足並みの揃わない馬」「どこかアンニュイでよそ見をしている王子の表情」。どう考えても、この「戦車」は進めません（進みません）。

「数秘7」に対応する「⑦ネツァク」の称号は「勝利」です。なので、「07 戦車」は本来、「勝利に臨むための進行」を表すはず。「⑦ネツァク」の役割「情動・本能」も、「いけいけドンドン」、つまり、「進め」を表しています。

しかし、戦車が「進もうにも進めない理由」も、「⑦ネツァク」の役割「情動・本能」に隠されています。

つまり、「本能」がなにか「危険やリスク」を察知して、進行を躊躇しているのでは、と考えられます。

リスクとは「物理的な障害」かも知れませんが、「情動・感情・欲望のままに進む」ことに対し、「やめておいた方がいい」と、「本能」がメッセージを発しているとも解釈できます。

とはいえ、〈自身の愛や性、欲望を否定し、聖人であろうとする「自我」〉(179)も、「進行」を妨げます。

このような「自我（エゴ）」こそが「闇」といえます。

「⑦ネツァク」の惑星は「金星＝愛・美」なので、「情動を肯定して、愛や芸術性に昇華させる」ことで「勝利」に至るのです。

【カードの象意】

- 正位置：「⑦ネツァク＝情動・本能」→**危険やリスクを感じる・なんとなく気が進まない・葛藤・迷い・気障りなことがあって集中できない**　／「⑦ネツァク＝勝利」→**目標を定める・戦略を追求する・未来を洞察する・アクティブに行動する・障害を克服する**
- 逆位置：「情動・本能」の反意→**危険を顧みず暴走する**　／「勝利」の反意→**弱気になる・道を見失う・挫折する・壁にぶつかる・独りよがりになる・衝動的に行動する**

◆17 星

【57】17 星

裸の妊婦の頭上に〈ちりばめられた七つの星が輝き、その中心に八芒の星、平和と愛の象徴である「ヴェヌスの星（金星）」が見られる〉[180]この絵は、「占星術と生命の関係」を表しています。

占星術は、〈「自然」を解明する完全無欠な学問〉[181]、〈正真正銘のソロモンの自然科学〉[182]で、その原理は〈「カバラ」の象徴体系の中に保存されて〉[183]います。

「原理」に照らしてこの絵の情景を表わすと次のようになります。

「幽光（アストラル・ライト）」は、〈事物の痕跡を一つ残らずすべて受けとめ保存〉[184]します。

そのため、〈大空の日々の配置がこの「幽光」に反射し、そしてこの光りは、生命の主要作因であるがために、［中略］嬰児の懐妊、胎内成長、誕生に働きかける〉[185]のです。

つまり、胎児は、「⑦ネツァク＝金星」が表すように、「愛と美」の存在として誕生し、地上で「勝利」を収めることになるのです。

【カードの象意】

- 正位置：「星」→**希望・願いをかける**／「⑦ネツァク＝金星（愛と美）」→**恵み・願いが叶う・理想を追い求める**／「⑦ネツァク＝情動・本能」→**ロマンチックなこと・ワクワクする・直感にまかせる**
- 逆位置：「正位置」の反意→**願いが叶わない・インスピレーションが湧かない・現実が明らかになる**／「正位置」の悪い側面→**理想が高すぎる・自分軸がぶれている・他力本願・行動が伴わない**

⑧－08 正義 18 月

続いて、タロット番号の1桁目に「8」を持つ2枚です。

◆数秘8

「数秘8」は、「影響力」を表します。

これを比喩として用いた事例は、次のように多数あります。

- 「8」を横にすると「無限大」のシンボル「∞」となる
- 「8」は最初の女性数「2」の3乗（$8=2^3$）で、ギリシャで最も神聖な女性数。法（地上の影響力）を司る女神の「8」はここに由来
- バビロニアの太陽神シャマシュの標章「八芒星」（前著 page 094, 095, 099）は、太陽光の放射と、冬至・春分・夏至・秋分の合体で、太陽の影響力を表象
- 古代ケルト人は、春分、夏至、秋分、冬至に、ベルテーン、ルーナサァ、サワン、インヴォルグを加えた8つの祭からなる暦を使用
- 仏教では、悟りに至る（宇宙の影響力を認識する）方法は、「八正道」（正見・正思惟・正語・正業・正命・正精進・正念・正定）
- 古代日本の「8」も聖数で、「影響力が大きい」ことを意味。八島、八雲、八咫鏡、八重桜、八十、八百万など

●〈8に含まれる上下の円は、［中略］大宇宙と小宇宙であり、「天にあるがごとく地にもある」〉[186]、つまり、「エメラルド・タブレット」に書かれている「天地照応」の概念を表現

●永劫回帰を示す「8」の形は、〈宇宙の法則であるカルマの法則[187]〉を象徴

◆セフィラ⑧

●名称：ホド（Hod）
●称号：栄光・光輝（Splendour）
●役割：知性
●惑星：水星（Mercury）

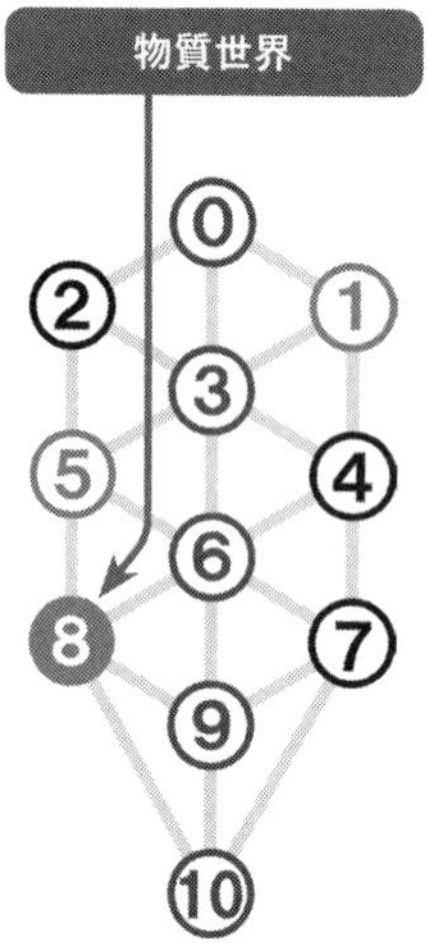

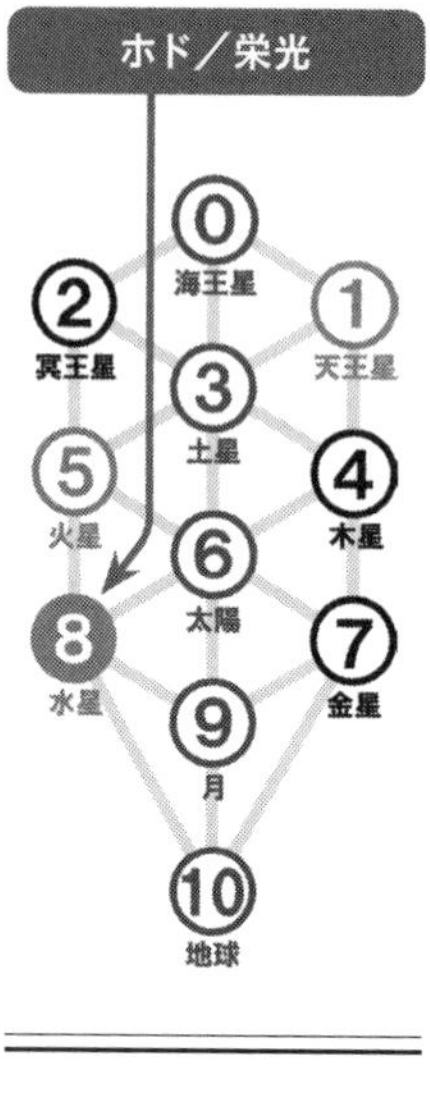

「セフィラ⑧」は「ホド」といい、称号は「栄光」です。

「生命の木」において、「⑧ホド」は「⑦ネツァク」の対面位置にあり、左のように、対照的な役割を持ちます。

- ⑦ネツァク：本能（情動・愛・性・感情・欲望）…金星
- ⑧ホド　　：知性（知識・情報）　　　　　　…水星

「⑦ネツァク」の象徴は金星ですが、「⑧ホド」の象徴は水星です。
前者は「右脳・女性性」、後者は「左脳・男性性」の表徴です。

また、〈ケセド［④］とゲブラー［⑤］が新陳代謝の役割を果たすのに対して、ネツァック［⑦］とホド［⑧］は拡張・増大の役割を果たし、一筋の水だった創造の源が、ここでいよいよ現実化・物質化に向けて大きく力強いエネルギーへ変わっていきます[188]〉。

「⑧ホド（栄光・光輝）」を象徴する惑星は「水星」。

水星は、〈知性や思考、コミュニケーション、言葉〉[189]などを司り、ローマ神話の「マーキュリー（メルクリウス）」です。

ギリシャ神話では商売の神様「ヘルメス」に当たりますが、これは、水星が「知性の働き」の象徴と考えられていることに由来します。

「⑧ホド」の称号が「栄光・光輝」となっているのも、「すぐれた知性」がもたらす賜物とされているからでしょう。

また、〈水星「⑧」は、太陽「⑥」・月「⑨」とともに本人の人格の一部を形成し〉[190]、人間が太陽や月から受け取る影響を〈外部に表現するのを助けます〉[191]。

これは、左のような「セフィラの位置関係」から明らかです。

⑥太陽　↙　⑧水星　↖　⑨月

◆08 正義

「08 正義」とは、地上世界の「影響力」を意味しています。

【58】08 正義

「04 皇帝」で見たように、「神の言」は、聖四文字「יהוה / YHWH」を手段にして〈「幽光「アストラル・ライト」」の中に刻みつけられ[192]〉、〈他人の精神の上に反射して影響を[193]〉及ぼし、〈行為に翻訳されて社会を、世界を変化[194]〉させます。

「神の言」は、「行為・行動」によって実現するということです。

「言（コトバ）」は、「⑧ホド＝水星」の役割・象徴「知性」に対応し、「正義の審判（Judgement）」が知性によることを示しています。

「神の言＝4」が幽光に刻まれると、〈一方で引き寄せもう一方で退ける[195]〉2つの力により、「8＝影響力」となります。

そして、「引き寄せ・退ける力」の象徴が「天秤」です。

天秤を持つ「正義の女神」によって、〈正義の勝利と自由の解放とを目指すわれわれの善意の重さが計られる[196]〉のです。

【カードの象意】

- 正位置：「正義の女神」→**正しい判断・公正・正義・平等・バランスがとれている**／「神の言の影響力」→**うまくいく・妥当な結果となる・成果が生まれる・あるべき姿**
- 逆位置：「正位置」の反意→**判断ミス・迷いが生じる・不当な結果・うまくいかない・タイミングではない**／「正位置」の悪い側面→**頭では理解できるが感情的に納得いかない・腹落ちしない**

◆18 月

©2023 NARITA

【59】18 月

「18月」は、スピリチュアルな「影響力」を意味しています。

カードに描かれた「月」は、短い周期（29日）で形を変えながら、太陽光や惑星の影響力を吸収・反射・放出します。

そして、「ザリガニ」は、水中と陸上を行き来しながら、脱皮を繰り返して環境に適応し、硬い甲羅で内側の脆さを守ります。

どちらも共通して、「移ろいやすく、敏感・繊細な性質」を持っていることから、「月とザリガニ」は、「揺れ動く心情、感情・気質、感受性、不安・動揺、依存性」の象徴とされており、これらが、このカードの基本的な象意です。

レヴィの説明では、〈「塔にかかる月」「犬」「狼」「ざりがに」[197]〉が暗示するように、「18」は、獣の数字「６６６」を示し、このカードは〈古代世界の魔術全体を要約したもの[198]〉です。

「６６６」は、新約聖書『ヨハネの黙示録』において、次のように記載されている数字です。〈すべての者にその右手か額に刻印を押させた。［中略］この刻印とはあの獣の名、あるいはその名の数字である。ここに知恵が必要である。賢い人は、獣の数字にどのような意味があるかを考えるがよい。数字は人間を指している。そして、数字は六百六十六である。[199]〉

この数字の意味を解き明かすべく、古来、ヘブライ語やギリシャ語のゲマトリア（文字・数の変換術）による考察が行われてきましたが、「獣の数字」であることを示す直接の根拠は見つかっていません。

このカードが「神秘や闇」を表していることは、絵柄からも明らかですが、主題である「月」の裏側には「太陽」が隠れています。

つまり、カードは「皆既日蝕」を描いており、「神秘や闇はやがて過ぎ去り、太陽の光が戻ってくる」ことを暗示しているのです。

ちなみに、皆既日蝕は「新月」のときに起こります。

太陰暦では、月の初めは必ず「新月」とされ、その日は「ついたち＝月が立つ」と呼ばれたように、新月は「スタート」を象徴します。

カードの主題である「月」に着目しても、絵がなんらかの「スタート」を暗示していることが分かります。

【カードの象意】

- 正位置：「月とザリガニ」→**状況が刻々と変わる・心が揺れ動く・感情が不安定・動揺**／「皆既日蝕（象意１）」→**見通しがきかない・不安・恐怖心**／「皆既日蝕（象意２）」

↓モヤモヤが晴れる・不安がなくなる・スッキリする・新しいことが始まる

●逆位置：「正位置」の反意↓状況が変わらない・膠着状態が続く・事態が良くなる兆しがない・心配ごとが続く・不安がなくならない

⑨ −09隠者　19太陽

いよいよラスト、タロット番号の1桁目に「9」を持つ2枚です。

◆数秘9

「数秘9」は、「円熟」を表します。

なぜなら、「9」は〈1から8までのすべての数を潜在的に含み[200]〉、「総合」や「全体」を表しているからです。

「9」が「円熟」を意味することは、次のことからも分かります。

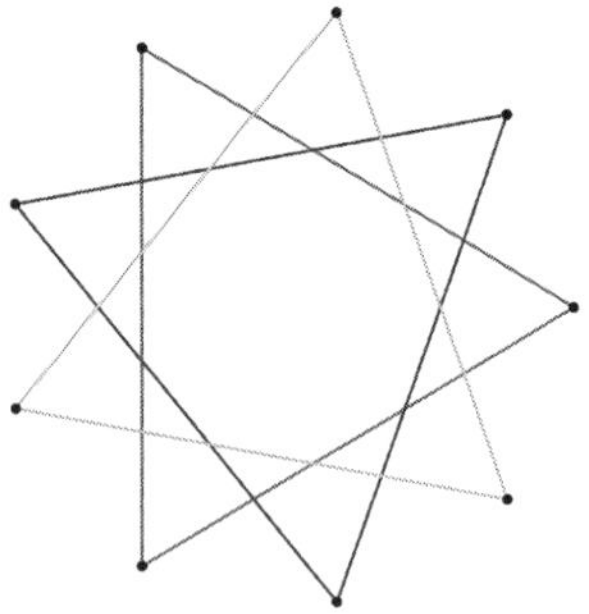

【60】九芒星（エニアグラム）

●「9」は、神聖数「3」の「3倍の叡智」
●ギリシャ人は、聖なる正三角形が3つ織り合わさった「九芒星（エニアグラム）」をとくに崇拝
●タロット番号「VIIII（V＋IIII）」は、「05 法王＋04 皇帝」
●仏・伊・独語等で、「9」と「新しい」は同系語（neuf/nouveau, nove/nuovo, neun/neu）。つまり、「円熟数9」の次には、「新しい位（2桁）の数字が来る」ことを暗示

また、「9」は、とても不思議な数学的特徴を持っています。

●「9」に他の数を乗じて、単数変換すると「9」に戻る（例：9×6＝54→5＋4＝9）
●「9」に他の数を加え、単数変換すると「元の加えた数」に戻る（例：9＋5＝14→1＋4＝5）

つまり、「9」は〈鏡のように他者や自分自身を映し[201]〉出すことから、〈慈悲、無私無欲、手放し、内なる強さ[202]〉や「高潔（円熟した精神性）」といった象意を生み出します。

なお、「9」は「0＝霊性」の形のほか、〈賢者がその叡智の詰まった頭（こうべ）を垂れている姿[203]〉をイメージさせます。

〈「誰かのために役に立ちたい」という善意を持ち、自分のことより世界のことを考える人道主義者[204]〉の姿と重なります。

◆セフィラ⑨

- 名称：イェソド（Yesod）
- 称号：基礎・土台（Foundation）
- 役割：浄化
- 惑星：月（Moon）

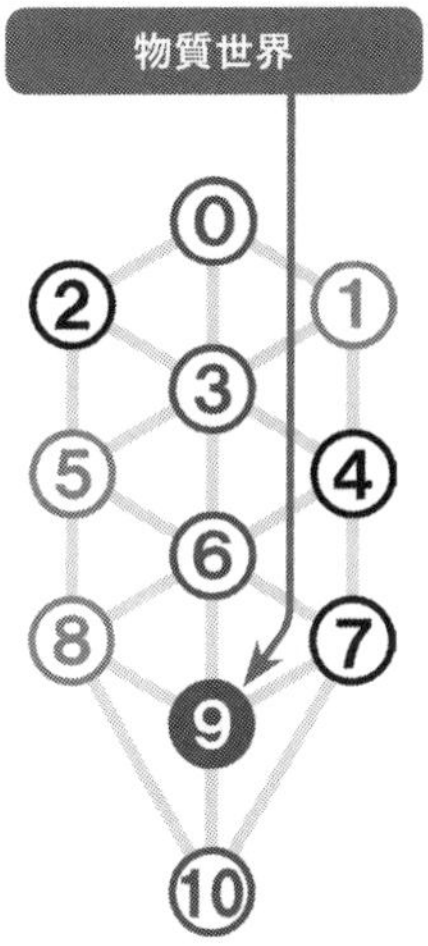

「セフィラ⑨」は「イェソド」、称号は「基礎・土台」です。

〈最後の数字「9」が当てはめられているように［中略］目に見えない領域の最後のセフィラ。目に見えない領域［⓪〜⑧］と目に見える領域［⑩］の際（きわ）に位置しています[205]〉。

称号の「基礎・土台」は、ものごとが「円熟（＝数秘9）」して、「準備万端」であることを物語っています。

また、「土台」は、〈神の根幹、すなわち「神の男根」を意味していると考えられます[206]〉。〈この「神の男根」には「身体を持たない存在（神）の身体的器官（男根）」という矛盾が存在しており、イエソドが「魂」と「身体」の両方を司っていることを意味しています[207]〉。

そして、〈イエソド［⑨］は、ケテル［⓪］から始まった創造の流れを一度せき止め、偏りはないか過剰なものはないかを検閲し、最後の「浄化」を行います[208]〉。

特に〈ネツァック［⑦］とホド［⑧］を中和する働きをしており、思いが入りすぎていたり知識に偏りすぎたりしている部分を修正・浄化します〉[209]。

つまり、〈物質化前の最終チェックポイント〉[210]です。


さて、「⑨イェソド（基礎・土台）」を象徴する惑星は「月」。

「⑨イェソド」が「⑩マルクト（王国＝地球）」のすぐ上にあるように、「月」は地球から一番近い星です。

そのため、月は人間の身体に大きく影響し、とくにその満ち欠けの周期が女性の月経周期と一致していることは良く知られています。


つまり、〈生活そのものの根源にあるもの、生きていることの動機といったようなものを、月は扱って〉[211]おり、「⑨イェソド」の称号が「基礎・土台」であることと符号します。

◆ 09 隠者

【61】09 隠者

【62】ヘルメス・トリスメギストス

「09隠者」のカード番号「9」は、〈神の反射の数で［中略］神という概念の抽象的偉力[212]〉を表します。

そして、隠者は〈トリスメギストスの燈火《ランプ》、アポロニウスの外套、それと族長の杖とを授けられる[213]〉秘宝伝授者です。

　トリスメギストスは、「3重に（トリス）・偉大な（メギストス）」を意味し、ギリシャ神話のヘルメス神＝ローマ神話のメルクリウス、錬金術師ヘルメスに冠せられる形容詞で、まさに「円熟」を暗示。

　ヘルメスは『ヘルメス文書』や『エメラルド碑文』の筆者です。

　アポロニウスは、古代ギリシャの数学者・天文学者。族長は、アブラハム、イサク、ヤコブなどヘブライ人の先祖です。

【63】アポロニウス

〈燈火《ランプ》は知識を表わし、身をくるんだ外套は彼の思慮深さを表わし、携えている杖は彼の強さと勇敢さの象徴[214]〉です。

ところが、「隠者」は、〈人心の弱点を心得た上で、これを己れの作業遂行のために大胆に利用し、そして己れの目論《もくろみ》については人に漏らさない[215]〉のです。

このことの暗示として、完成数「10」の手前の数である「9」には、「叡智を隠す」という意味が込められています。

【カードの象意】

●正位置：「円熟の境地」↓**豊富な知識・深い智慧・洞察力・内省・分別・精神的な成長**／「隠れ住む者」↓**一人で取り組む・自立する**

●逆位置：「円熟」の反意↓**未熟・浅知恵**／「隠れ住む者」の悪い側面↓**本心を明かさない・秘密を抱えている・慎重すぎる・細かいことにこだわりすぎる・偏屈・頑固**

◆19 太陽

【64】19 太陽

「19」は、完成数「10」に「3」の自乗を加えた数字（$10+3^2=19$）で、「絶対的なもの」を表わし、「円熟の境地」を暗示しています。

ギラギラしたオーラを放つ円形の太陽も、「円熟」を表しています。

「絶対的なもの」とは、あらゆる「存在の基礎・土台」、宇宙や世界の「条理」です。

そして、〈「絶対的なもの」を見つけ出すこと、これこそが［中略］ヘルメスが「太陽の作業」と名付けている[216]〉もの。

レヴィによると、「ものを知る条理」と「ものを信じる感情［信仰］」が〈相互に授け合う[217]〉ことで、確実な思慮分別が生まれます。

両者が授け合うこと、つまり〈条理と信仰との決定的結合は［中略］両者の相互牽制と友愛的協力から生まれ[218]〉ます。

「相互牽制と友愛的協力」は、「生命の木」の両側に立つ「ヤキン＝慈悲の柱」「ボアズ＝峻厳の柱」の関係性ともいえます。

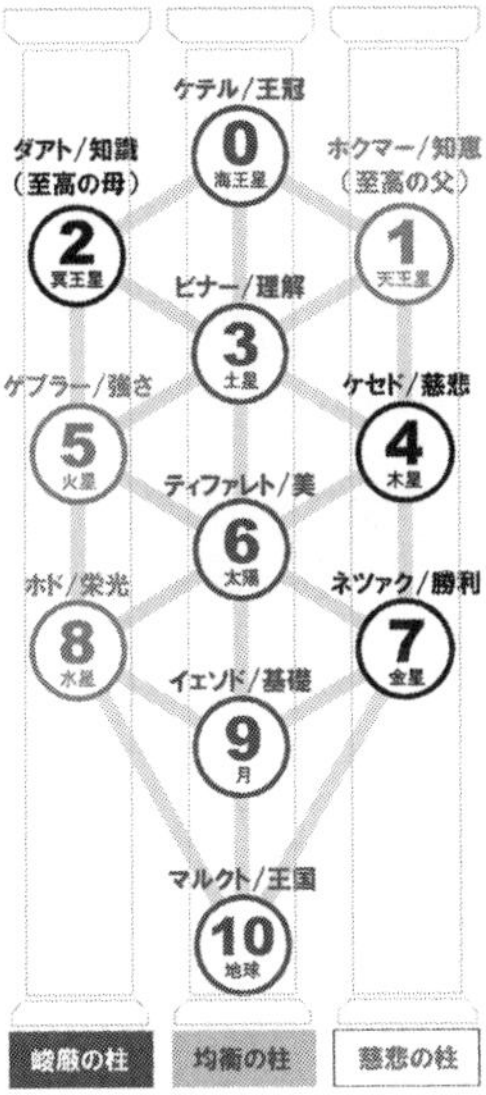

【65】「新・生命の木」（再掲）
慈悲の柱（右）
峻厳の柱（左）

こうしたことから考えると、このカードの「太陽」は、「絶対的なもの・存在の土台・条理」を象徴し、「声を掛け合う2人の子供」は、「条理と信仰の友愛的協力」を表わしていることが分かります。

【カードの象意】

●正位置：「絶対的なもの」→**道理に適っている・どこから見ても明らか・純粋・葛藤がない**／「⑨イェソド＝基礎・土台」→**準備万端・達成できる**／「友愛」→**結びつきが深**

まる・恋愛が成就する・復縁・サポートが得られる

●逆位置：「絶対的なもの」の反意↓**道理に適っていない・運気が翳る・邪心がある・葛藤がある**／「基礎・土台」の反意↓**挫折する・失敗する**／「友愛」の反意↓**会えない・別れ・仲違い・失敗・サポートが得られない**／「友愛」の悪い側面↓**共依存関係**

2 現代数秘術とコア・ナンバー

◆伝統的な数秘術

「数秘術」とは、「数には意味がある」という考えに立ち、運勢などを占う占術です。

今から2500年ほど前、古代ギリシャの数学者・哲学者ピュタゴラス（紀元前582－前496）が考え出したものとされており、古代の神秘思想を重視したルネッサンスの知的風土の中で、占星術、錬金術などと一緒に「復興」されました。

【66】ラファエロ『アテナイの学堂』に描かれたピュタゴラス

「数には意味がある」という考えから、「数字と文字を対応させる」試みが生まれ、ギリシャ語やヘブライ語の文化圏では、「ゲマトリア」という「暗号術」に発展しました。

ギリシャ語、ヘブライ語のアルファベット一文字一文字は、何らかの数字に置き換えられるので、「単語や文章は数字で暗号化できる」ということになります。

たとえば、

- ギリシャ語の「イエス（Ιησοῦς）」は、（ギリシャ文字を左から右に読み、「数価」を足すと）10＋8＋200＋70＋400＋200＝888
- ヘブライ語の「ヤハウェ（יהוה）」は、（ヘブライ文字を右から左に読み、それぞれの「数価」を足すと）10＋5＋6＋5＝26

となります。

そして、ゲマトリアのルールを知っていれば、「数字化された暗号を、ギリシャ語やヘブライ語の単語・文章に復元できる」のです。

もちろん、暗号術なので、許された者にのみ、口頭でその情報が伝えられ、「秘技」として扱われていました。

Ancient Gematria (numerology) tables

Number	Hebrew Letter	Sound	Greek Letter	Sound
1	א	glottal stop	Α α	a
2	ב	b (v after vowel)	Β β	b (later v)
3	ג	g	Γ γ	g (ng before γ, μ, ν)
4	ד	d	Δ δ	d
5	ה	h (can be vowel at end)	Ε ε	short e
6	ו	w (also u or o vowel)		
7	ז	z	Ζ ζ	z
8	ח	voiceless pharyngeal	Η η	long open e
9	ט	'emphatic' t	Θ θ	aspirated t (later th)
10	י	y (also i or e vowel)	Ι ι	i
20	כ ך	k	Κ κ	k
30	ל	l	Λ λ	l
40	מ ם	m	Μ μ	m
50	נ ן	n	Ν ν	n
60	ס	s	Ξ ξ	x (ks)
70	ע	voiced pharyngeal	Ο ο	short o (ου = u,w)
80	פ ף	p (f after vowel)	Π π	p
90	צ ץ	'emphatic' s or ts		
100	ק	'emphatic' k	Ρ ρ	r
200	ר	r	Σ σ	s
300	ש	sh	Τ τ	t
400	ת	t (th after vowel)	Υ υ	u (later German ü)
500			Φ φ	aspirated p (later f)
600			Χ χ	aspirated k
700			Ψ ψ	ps
800			Ω ω	long open o
900				

Phonetic descriptions are simplified and most alternative sound variants which are not relevant to Modern English phonology are omitted.

【67】ヘブライ文字・ギリシャ文字の数価

数秘術はこのように、長い期間、ゲマトリアとして使われてきたのですが、一方で、ピュタゴラスの後、その思想はプラトンに引き継がれ、数学の発展と共に成熟していきます。
さらに、占星術やタロット等とも結びつき、カバラ思想による補強を経て、ルネッサンス期ヨーロッパで隆盛を極めることになりました。

◆**現代数秘術**

「伝統的な数秘術」に対して、現在、「数秘術占い」として知られているものは、「現代数秘術」といいます。

『現代数秘とカバラ数秘』の著者、SEVEN STARSさんのWEBサイトから、その解説を引用させて頂きます。

〈「数字に数以外の意味を持たせる」という性質はそのままに、何千年もの時を経て、アメリカで誕生したのが「現代数秘術」です。

約100年ほど前に、バリエッタ女史［L. Dow Balliett (1847–1929)］とその直弟子であるジュノ・ジョーダン［Juno

【68】バリエッタ女史

Jordan」によって確立された現代数秘。

その世界観や概念、数字の解説などにピュタゴラス学派が影響していることから、「ピュタゴラス数秘」というネーミングになっていることもあります。

また、現代には数々の「〇〇数秘」が存在していますが、そのほぼ全ての原型がこの現代数秘だと言っても過言ではありません。[219]

◆現代数秘術の方法

一般的に、生年月日や姓名を数字に置き換えて1桁になるまで全ての数字を足し、最後の数字の象意から、性格や運勢などを占います。

筆者の場合、クライアントの生年月日から「3つのナンバー」（宿命数・運命数・完成数で、コア・ナンバーと総称）を算出し、基本的性格や運勢を観ていきます。

第1は、「宿命数（パーソナリティ・ナンバー、才能数）」。

- 誕生日の「日にち」を、1桁になるまで足して算出（ゾロ目「11、22」はそこでストップ）
- 外から見た当人の様子（パーソナリティ）を表し、名刺のような数字。第一印象ともいえ

るが、自身は気づいていないことも多い
●強味や得意なことがらが、ストレートに出てきているナンバーで、生まれながらにして持っている能力（天賦の才）や性質
●自分軸を作っていくための「基礎・土台」「ツール・武器」となる
●前世から引き継いで今世に持ち込んでいるため「宿命数」といわれ、「業（カルマ）」の数字ともいえる

第2は、「運命数（ライフ・パス・ナンバー、本質数）」。

●誕生日の「西暦・月・日」を、1桁になるまで足して算出（ゾロ目「11、22、33」はそこでストップ）
●人生全体の道のり（ライフ・パス＝Life Path）」に深く影響し、幸運を左右する数字
●「本当の自分」とつながるための「本質」、自分軸を作っていくための「体幹」となる
●今世で成し遂げるべきミッションなので「運命数」といわれ、「命（めい）」の数字
●あくまで「タスク」なので、「当人に欠けている点・弱点・不得意なこと」が表れる傾向にあるが、ネガティブに考えるのではなく、いかにポジティブに捉えていくかが、「今世ミッション成功のカギ」

第3は、「完成数（未来数、探究数）」。

- 誕生日の「月・日」を、1桁になるまで足して算出（ゾロ目「11」はそこでストップ）
- 人生において最後に取り組み、今世を「完成する」ための課題が表れているナンバー
- この数字の影響が表れ始めるのは、おおむね60歳前後
- 困難と思われる課題でも、前向きに捉えて探求すべきタスク
- 来世への橋渡しになるので「未来数」ともいわれ、将来を胎《はら》む「胎《たい》」の数字

右記のように、11、22、33は「マスターナンバー」と呼ばれ、1桁にせず、それ自体の特別な象意を採用するのが一般的です。

3 「占い」を超える（神性への回帰）

ユダヤの秘教カバラの中心をなす「生命の木」は、〈生命あるものすべての背後に存在する、宇宙の法則を表した図です（220)〉。

〈世界がどのように創造されたのかを示す創造の歴史であり、私たちがどのように今の状態

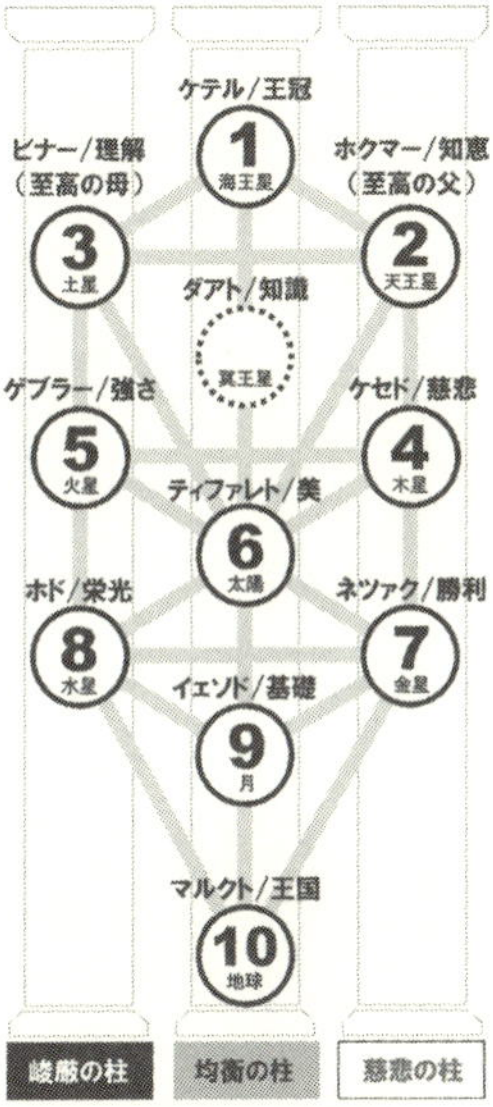

【69】生命の木（再掲）

【70】新・生命の木（再掲）

に至り、どのように故郷に戻るかを示す地図でもあります[221]〉。

「生命あるものや世界がどのように創造されたのか」は、グノーシス神話（救済神話）に詳細に描かれており、そのストーリーに沿って従来の「生命の木」を改訂したものが「新・生命の木」です。

さらに、10のセフィラ番号は、ピュタゴラス数秘に示された固有の象意をもっており、それらは、マルセイユ・タロット「大アルカナ」22枚に対応しています。

大アルカナは絵札なので、絵柄（人物の表情・ポーズ）に着目すれば、数秘を「視覚的に」理解することができます。

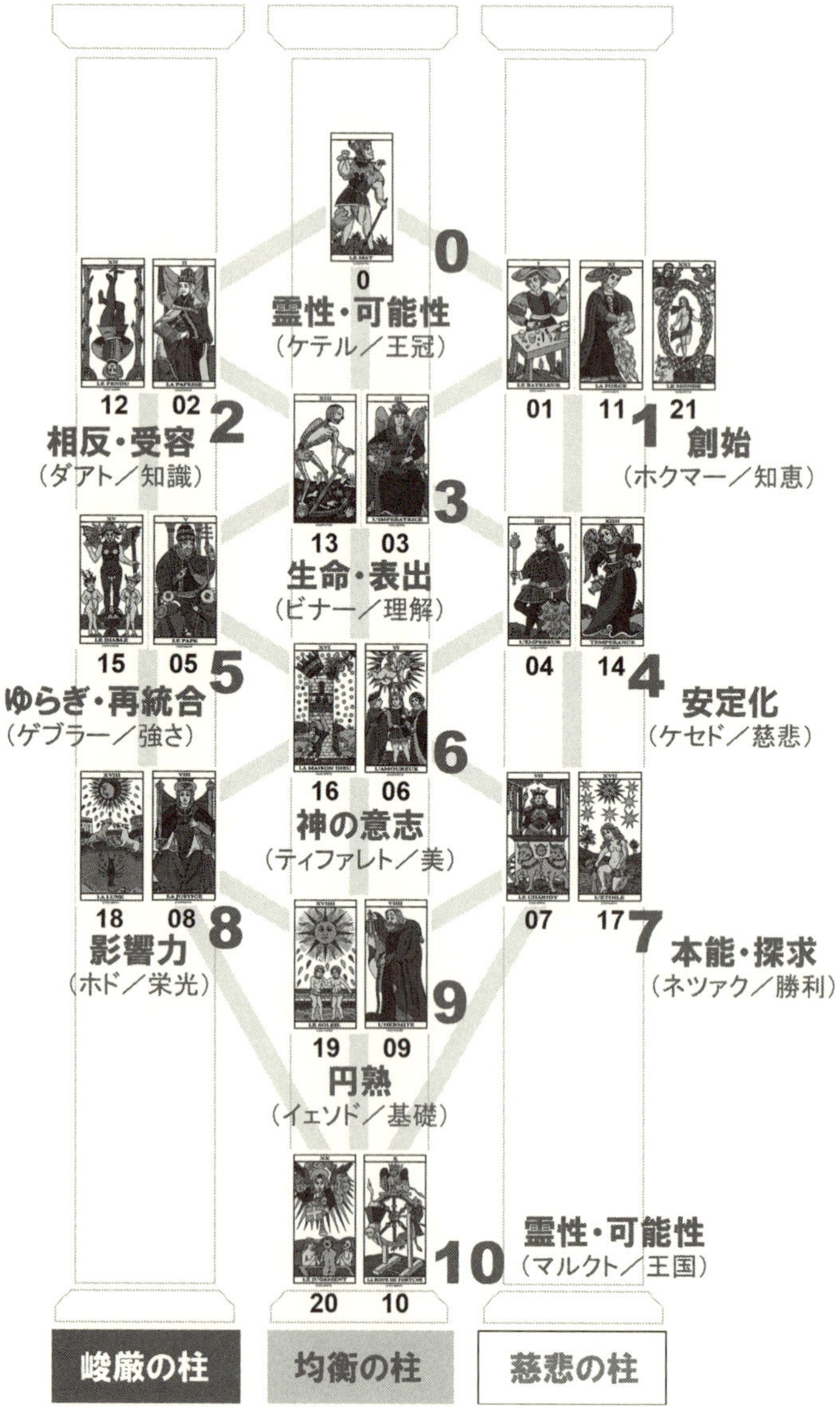

【71】 ピュタゴラス数秘・セフィラ象意・大アルカナ

「新・生命の木」の各セフィラに、ピュタゴラス数秘と象意（セフィラ名称／称号）、大アルカナを表示したものが、図【71】になります。

4 「新・生命の木」を使った数秘術

このように、膨大な情報をもつ「新・生命の木」をベースにしながら、「現代数秘術」の「3つのコア・ナンバー」（宿命数・運命数・完成数）を見ていくと、自分自身を深く知ることができ、〈人生で道に迷った時には、現在地や目的地を示してくれる地図やナビゲーションとして使うことができます[222]〉。

つまり、この方法は、仕事や人間関係、恋愛…など、人生のミクロな局面を観る「占い」とは異なり、グノーシス神話が説く「神性への回帰」の道筋を教えてくれるのです。

では、その具体例を見ていきましょう。

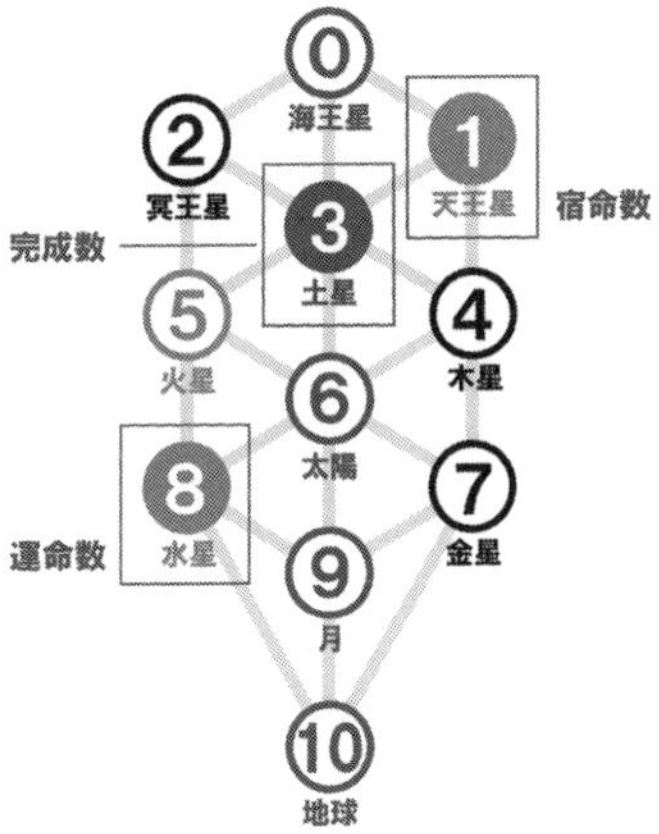

【72】3つのコア・ナンバー

1976年11月10日生まれのMHさんのナンバーは、1・8・3です。

- 宿命数：1＋0＝1
- 運命数：1＋9＋7＋6＋1＋1＋1＋0＝26→2＋6＝8
- 完成数：1＋1＋1＋0＝3

【74】01魔術師（再掲）

【73】11力（再掲）

「数秘1＝創始」を「宿命数」として持っているので、「パイオニア精神・創造性」が、周囲から見た当人のパーソナリティ（第一印象）ということになります。

MHさんは、自信と抑制力（＝「11力」）に満ち、周囲からは「誰もやらないことをやり遂げる」タイプとして見られているでしょう。

また、「アーティスティックな才能や創造性」にあふれる人物（＝「01魔術師」）という印象を、周囲に与えています。

【75】08 正義（再掲）

【76】18 月（再掲）

「数秘8＝影響力」が「運命数」なので、社会的かつスピリチュアルな影響力を発揮することが、「今世のミッション」です。

MHさんは、実社会において明確な目標を描き、心身の安定やスピリチュアリティを追求しながら、社会貢献する運命にあります。

「08 正義」が示す「現世的な影響力」だけでなく、「18 月」が表す「心魂におよぼす隠然としたパワー」を発揮することになります。

「数秘3＝生命・表出」が「完成数」となっているので、「感性」「コミュニケーション能力」「生命本能に根差した官能性」を「表現（表出）」し、周囲のひとびとの「生きるモチベーション」を高めていくことが、（今世を完成させる）終盤のタスクです。

「13 死」に対する根源的な関心を掘り下げつつ、「03 女帝」がもつ「大地母神＝グレートマザー」のような存在になるでしょう。

【77】13 死（再掲）

【78】03 女帝（再掲）

つぎに、３つのナンバーを「新・生命の木」のセフィラに当てはめ、「宿命数１」→「運命数８」→「完成数３」の順にたどってみます。

「①ホクマー（知恵）：至高の父」が「宿命数」なので、前世の因縁から、強い「男性性」をもって生まれてきていることがわかります。

また、①ホクマーの惑星「天王星」が、「革命的なこと」をなす宿命を示唆しています。

「⑧ホド（栄光・光輝）」が「運命数」ということは、「水星」が象徴する「知性・言語能力」を使っていくことにより、本人も周囲も「光り輝やく」運命にあることを示しています。

「水星」が暗示するように、「８」も「男性性」のナンバーです。

「新・生命の木」では、右上「１」から離れた左下に「８」があり、対角線上にある「１・８」でバランスをとって人生を営みます。

「③ビナー（理解）」が「完成数」となっています。

人生終盤（おおむね60歳～）は、再び右上方（「1」の方向）に航路を向けますが、タスクは、中央「均衡の柱」上にある「3」です。

今世ミッションを「理解」しつつ、「土星＝社会性」にフォーカスして「大地母神＝グレートマザー」のタスクを担い、来世につなげます。

PART.3

タロットの革新

1 ウェイト・スミス・タロットの誕生

【79】ウェイト・スミス・タロット

◆ウェイト・スミス・タロットとは

【80】アーサー・E・ウェイト

【81】パメラ・C・スミス

ウェイト・スミス・タロットは、アーサー・エドワード・ウェイト（1857－1942）が企画考案し、パメラ・コールマン・スミス（1878－1951）が描いたタロットです。

1909年にロンドンのライダー社から発売されたことから、ライダー版、または、ウェイト・スミス・ライダー版とも呼ばれています。

タロットといえばウェイト・スミス版を示すほど、国内外で人気のあるカードで、現代タロット市場におけるシェアは、おそらく8割を超えるのではないかと推測します。

人気の秘密は、カラフルでアールヌーヴォー風のエキゾチックなデザインに加え、スピリチュアルな象徴をふんだんに取り込んだ神秘的な絵柄にあるのでしょう。

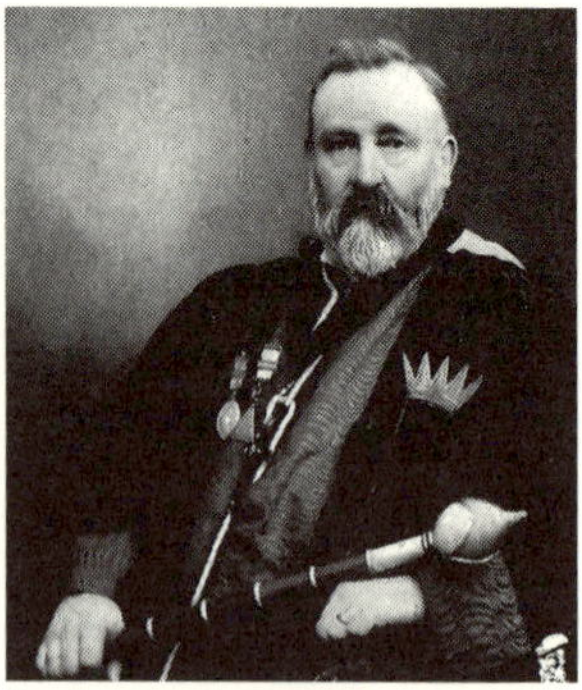

【82】W・W・ウェストコット

【83】黄金の夜明け団の徽章

考案したのは、オカルト結社「黄金の夜明け団」です。

◆黄金の夜明け団

「黄金の夜明け団（Hermetic Order of the Golden Dawn）」は、西洋魔術の研究・実践集団。

フリーメイソンの団員で、英国薔薇十字協会の指導者であったウィリアム・ウィン・ウェストコット（1848－1925）らにより、1888年にロンドンで創設されました。

その教義は、ユダヤの秘教「カバラ」を中心に、エジプト神話学、グリモワール（魔術書）、占星術、錬金術、インド密教など多岐にわたりますが、カバラに含まれる「生命の木」が聖典とされ、この象徴図解と古代教義を結びつけて解釈する試みが行われました。

タロットと「生命の木」を対応させる試みもそのひとつで、それを担ったのが、団員であったアーサー・エドワード・ウェイトです。

2 伝統的タロットとカバラ

◆ヘブライ文字と大アルカナの照応

ウェイトは、「生命の木」の解釈を通じて従来のタロットを改訂し、ウェイト版を制作したのですが、タロットとカバラの関連づけは、フランスで先行していました。

【84】クール・ド・ジェブラン

【85】エリファス・レヴィ（再掲）

たとえば、クール・ド・ジェブラン（1725－1784）の大著『原始世界・第8巻』（1781）には、メレ伯爵（Comte de Mellet）によるエッセイが含まれており、「愚者を含むタロット22枚と、ヘブライ語アルファベット22文字の関係」が書かれています。

メレ伯爵の説は、〈「世界」のカードがヘブライ文字のアレフ、「審判」がベート、というようにカードと文字の順番を逆向きに対応させるもの(1)〉でした。

この後、エリファス・レヴィ（1810－1875）が、自著『高等魔術の教理と祭儀』（1854－56）のなかでタロットとカバラの関係を体系化し、「ヘブライ22文字と大アルカナ22枚の対応」を改めて主張しました（表【86】）。

ヘブル文字			レヴィ配属（フランス式）	
アレフ	アレフ	א	I	魔術師
ベス	ベート	ב	II	高等女司祭
ギメル	ギーメル	ג	III	女帝
ダレス	ダレット	ד	IV	皇帝
ヘー	ヘー	ה	V	神官
ヴァウ	ヴァウ	ו	VI	恋人たち
ザイン	ザイン	ז	VII	戦車
ヘス	ヘット	ח	VIII	正義
テス	テット	ט	IX	隠者
ヨッド	ヨッド	י	X	運命の輪
カフ	カフ	כ	XI	剛毅（力）
ラメド	ラーメド	ל	XII	吊られた男
メム	メム	מ	XIII	死
ヌン	ヌーン	נ	XIV	節制
サメク	サメフ	ס	XV	悪魔
アイン	アイン	ע	XVI	塔
ペー	ペー	פ	XVII	星
ツァディ	ツァーディー	צ	XVIII	月
コフ	コフ	ק	XIX	太陽
レシュ	レーシュ	ר	XX	審判
シン	シン	ש		愚者
タウ	タウ	ת	XXI	世界

【86】ヘブライ22文字と大アルカナ22枚の対応

ここでは、メレ伯爵の説とは異なり、大アルカナの配列は「01魔術師」から始まり、ヘブライ文字の順序に沿っています（「愚者」は、「20審判」と「21世界」の間に配置）。ただし、「愚者」を除く大アルカナ21枚は、マルセイユ・タロットが創られて以来、カードの並びは決まっていますし、一方のヘブライ文字の順序も既定のもの。

つまり、レヴィは「（愚者を含めた）大アルカナ22枚」と「22文字」を抱き合わせ、22組のカップリングの正当性を説いたわけです。

その後、舞台はフランスから英国に移り、1888年には、サミュエル・リデル・メイザース（1854－1918）が『占いカード』を出版し、タロットのオカルト的意味と遊び方など』を出版し、レヴィと同一の「大アルカナ・ヘブライ文字の照応」説を展開しました。

【87】S・L・メイザース

◆ヘブライ文字、三元素・七惑星・黄道十二宮、大アルカナの照応

じつは、ヘブライ文字に対する照応が説かれたのは、大アルカナだけではありません。

カバラの教典『創造の書／形成の書』においては、「ヘブライ22文字」と、「三元素・七惑星・黄道十二宮」の照応関係が語られています。

(1) **母文字**（3文字）：三元素に対応（第3章）。アレフ＝風、メム＝水、シン＝火。

(2) **複文字**（7文字）：七象意に対応（第4章）。ベート＝生と死、ギーメル＝平和と戦争、ダレット＝知恵と愚行、カフ＝富と貧困、ペー＝恩寵と憤怒、レーシュ＝豊穣と不毛、タウ＝権力と隷属。

(3) **単文字**（12文字）：12の感覚・方角・星座に対応（第5章）。

【88】『創造の書／形成の書』英訳版

(1)の照応関係は、『創造の書／形成の書』に書かれている通りです。

(2)、(3)については、ウェストコットによる英訳本（1887）に、同氏による「第四章の補足」[2]「第五章の補足」[3]が設けられ、そこに独自の解釈が書かれています。

(2)' **複文字**（7文字）：七惑星に対応（第四章の補足）。ベート＝月、ギーメル＝火星、ダレット＝太陽、カフ＝金星、ペー＝水星、レーシュ＝土星、タウ＝木星。ウェストコットはここで、フランスのマイヤー・ランベール（1863－1930）による別解釈（ベート＝土星、ギーメル＝木星、ダレット＝火星、カフ＝太陽、ペー＝金星、レーシュ＝水星、タウ＝月）を追記しています。

(3)' **単文字**（12文字）：黄道十二宮に対応（第五章の補足）。ヘー＝牡羊座、ヴァウ＝牡牛座、ザイン＝双子座、ヘット＝蟹座、テット＝獅子座、ヨッド＝乙女座、ラーメド＝天秤座、ヌーン＝蠍座、サメフ＝射手座、アイン＝山羊座、ツァーディー＝水瓶座、コフ＝魚座。

(※アルファベット順に、黄道十二宮を順番通りに割当て)

ここまでの照応関係（ヘブライ複文字と七惑星の照応はランベール解釈による）をまとめると、表【89】のようになります。

ヘブル文字			形成の書（占星術的照応）		レヴィ配属（フランス式）	
アレフ	アレフ	א	風	空気／霊	I	魔術師
ベス	ベート	ב	土星	土星	II	高等女司祭
ギメル	ギーメル	ג	木星	木星	III	女帝
ダレス	ダレット	ד	火星	火星	IV	皇帝
ヘー	ヘー	ה	牡羊座	白羊宮＊	V	神官
ヴァウ	ヴァウ	ו	牡牛座	金牛宮＊	VI	恋人たち
ザイン	ザイン	ז	双子座	双児宮＊	VII	戦車
ヘス	ヘット	ח	蟹座	巨蟹宮＊	VIII	正義
テス	テット	ט	獅子座	獅子宮＊	IX	隠者
ヨッド	ヨッド	י	乙女座	処女宮＊	X	運命の輪
カフ	カフ	כ	太陽	太陽	XI	剛毅（力）
ラメド	ラーメド	ל	天秤座	天秤宮＊	XII	吊られた男
メム	メム	מ	水	水	XIII	死
ヌン	ヌーン	נ	蠍座	天蝎宮＊	XIV	節制
サメク	サメフ	ס	射手座	人馬宮＊	XV	悪魔
アイン	アイン	ע	山羊座	磨羯宮＊	XVI	塔
ペー	ペー	פ	金星	金星	XVII	星
ツァディ	ツァーディー	צ	水瓶座	宝瓶宮＊	XVIII	月
コフ	コフ	ק	魚座	双魚宮＊	XIX	太陽
レシュ	レーシュ	ר	水星	水星	XX	審判
シン	シン	ש	火	火		愚者
タウ	タウ	ת	月	月	XXI	世界

【89】ヘブライ22文字と三元素・七惑星・黄道十二宮の照応関係
（＊は黄道十二宮を表す）

3 ウェイトによるタロット新解釈

◆ウェイトによる新解釈

エリファス・レヴィが書いた『高等魔術の教理と祭儀』は、黄金の夜明け団の教義を支える重要作品で、現代オカルト理論のベースを成すともいわれている書物。

ウェイトは大英博物館図書室でこの本と出会って魅了され、１８８６年に『魔術の神秘、エリファス・レヴィ作品抄』というタイトルで英訳版を出版しています。

それだけタロットに思い入れのあるウェイトは、オリジナル版を制作する決意を固め、企画考案に勤しむことになります。

ウェイトはその際、伝統的なマルセイユ・タロットに対して、独自の改訂を行いました。

【90】愚者（ウェイト版）

具体的には、レヴィ、メイザースの「大アルカナ・ヘブライ文字の照応」、『創造の書／形成の書』およびランベールによる「ヘブライ22文字、三元素・七惑星・黄道十二宮、大アルカナの照応」を改変しつつ、カードの変更を行ったのです。

【91】正義（ウェイト版）

【92】剛毅（ウェイト版）

【93】06 恋人（再掲）

(1)「愚者」→「00 愚者」：「愚者」を大アルカナの先頭に配置。これに伴い、残り21枚の番号は、レヴィ配列から1枚ずつズレることになりました。

(2)「08 正義」→「11 正義」：〈「正義」は、天秤宮の伝統的象徴である天秤が描かれている唯一の大アルカナであるから、これを天秤宮に配するのは適切であろう[4]〉という理由による改変です。

(3)「11 力」→「08 力（剛毅）」：〈「剛毅」にはライオンが描かれているため、これを獅子宮に割り当てる[5]〉。

(4)「06 恋人」→2人図：男性が二人の女性に挟まれた「3人図」の〈人物を二人に減らしてアダムとイブにし、エデンの園の光景[6]〉に改訂することで、〈双児宮への対応が可能に[7]〉。

(5)「19 太陽」→1人図：「06 恋人」が双児宮に配属されたので、人物が二人描かれている「2人図」の「19 太陽」から、双児宮的な印象を消去。〈馬にまたがる裸体の少年[8]〉の図に変

【94】恋人（ウェイト版）

【95】19 太陽（再掲）

【96】太陽（ウェイト版）

え、〈子供が一人になってしまえば、この札を双児宮と関連付ける理由も見当たらなくなる〉[9]。

なお、大きな変更としては、この5枚以外に「13死」がありますが、ここでは省略します。

ウェイトの新解釈による照応関係は、表【97】のようになります。＊は、改訂時にウェイトが着目した黄道十二宮です。

◆『暗号文書』

さて、ウェストコットが黄金の夜明け団を結社したきっかけは、彼が1887年に入手したとされる『暗号文書』でした。コットン紙に黒インクで描かれた60枚の文書で、「フォリオ38」には〈右から『形成の書』の小径、元素／惑星／十二宮照応、ヘブル文字、大アルカナの称号と番号[10]〉が書かれています。

ヘブル文字		形成の書（占星術的照応）		レヴィ配属（フランス式）		暗号文書＋ウェイト	
アレフ	א	風	空気／霊	I	魔術師	0	愚者
ベス	ב	土星	土星	II	高等女司祭	I	魔術師
ギメル	ג	木星	木星	III	女帝	II	高等女司祭
ダレス	ד	火星	火星	IV	皇帝	III	女帝
ヘー	ה	牡羊座	白羊宮＊	V	神官	IV	皇帝
ヴァウ	ו	牡牛座	金牛宮＊	VI	恋人たち	V	神官
ザイン	ז	双子座	双児宮＊	VII	戦車	VI	恋人たち
ヘス	ח	蟹座	巨蟹宮＊	VIII	正義	VII	戦車
テス	ט	獅子座	獅子宮＊	IX	隠者	VIII	**剛毅（力）**
ヨッド	י	乙女座	処女宮＊	X	運命の輪	IX	隠者
カフ	כ	太陽	太陽	XI	剛毅（力）	X	運命の輪
ラメド	ל	天秤座	天秤宮＊	XII	吊られた男	XI	**正義**
メム	מ	水	水	XIII	死	XII	吊られた男
ヌン	נ	蠍座	天蝎宮＊	XIV	節制	XIII	死
サメク	ס	射手座	人馬宮＊	XV	悪魔	XIV	節制
アイン	ע	山羊座	磨羯宮＊	XVI	塔	XV	悪魔
ペー	פ	金星	金星	XVII	星	XVI	塔
ツァディ	צ	水瓶座	宝瓶宮＊	XVIII	月	XVII	星
コフ	ק	魚座	双魚宮＊	XIX	太陽	XVIII	月
レシュ	ר	水星	水星	XX	審判	XIX	太陽
シン	ש	火	火		愚者	XX	審判
タウ	ת	月	月	XXI	世界	XXI	世界

【97】ヘブル文字・占星術・大アルカナの対応関係

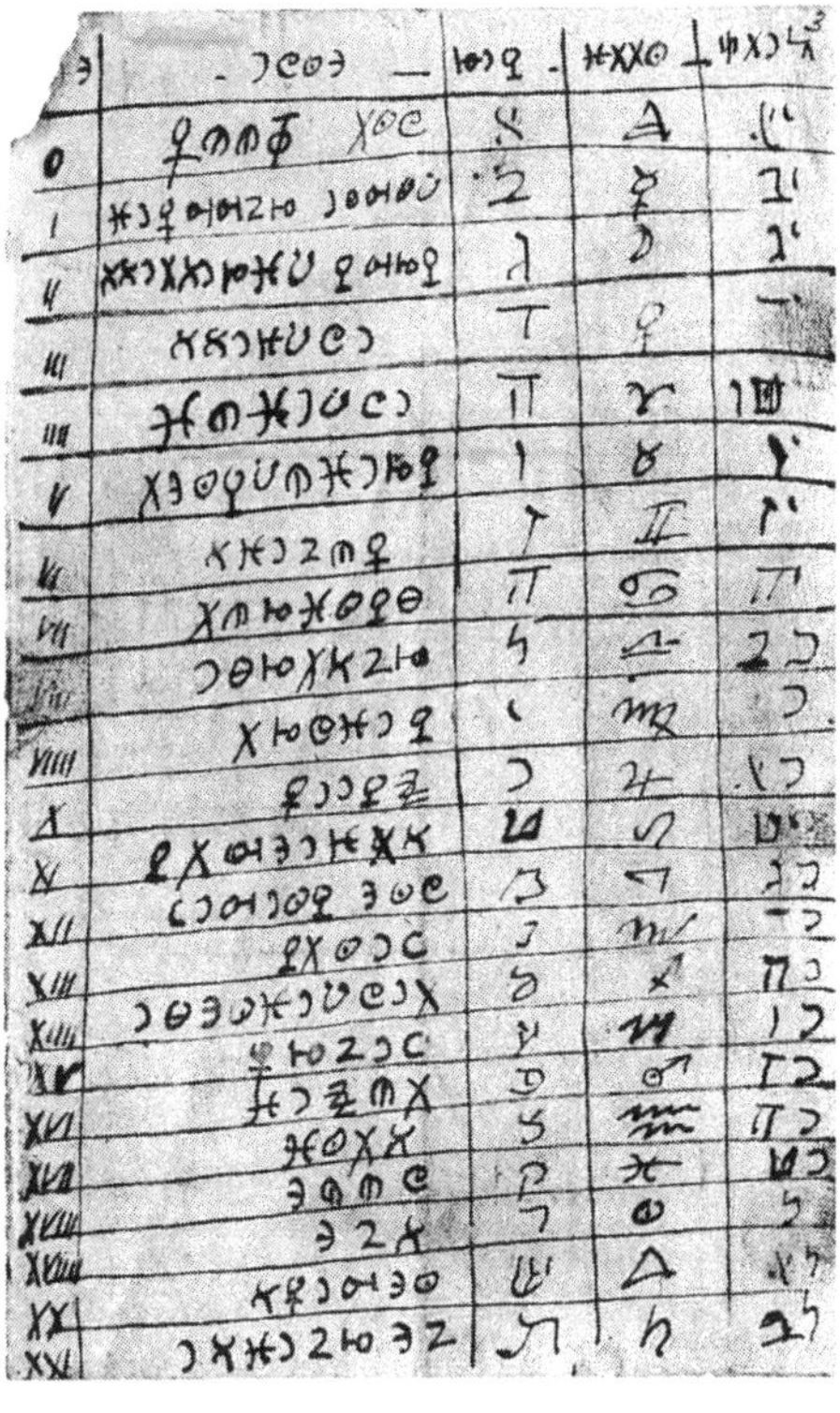

【98】暗号文書（フォリオ38）

ウェストコットは、大英博物館図書館で魔法書などの研究をしていたメイザースの手を借りて、『暗号文書』を解読した（1887年頃？）といいます。

着目すべきは、〈この時点ですでに正義VIIIと剛毅XIが交換されている〉[11]ということ。

マルセイユ・タロットの「08正義」と「11力（剛毅）」の番号入れ替えは、ウェイト・

スミス版の発行時点（１９０９）とされていますが、右のエピソードが史実だとすると、これを行ったのはウェイトではない、という疑いが浮上します。

ウェイトが黄金の夜明け団に参加したのは１８９１年なので、このことからも、ウェイト以外の人物が番号改訂を行った可能性が高いといえるでしょう。

4 大アルカナと「生命の木」22本のパス

◆大アルカナと小径の対応

「生命の木」は、その名の通り「樹木の形状」をしており、「セフィラ（sephirah＝数）」と呼ばれる10個の「球」と、「パス（path）」と呼ばれる22本の「小径」で成り立っています。

各セフィラには、１から10までの番号がついており、数秘術上の象意を持っています。

そして、小径が「22本」、大アルカナが「22枚」であることから、小径一本一本に大アルカナを配置する試みが実践されました。

その配置パターンは何通りもあるようですが、「ウェイト・スミス版の大アルカナと小径の対応」は、一般的に図【99】の通りです。

大アルカナの配置作業は、表【100】に示したように行われています。
そのルールは、次に示すようにシンプルです。

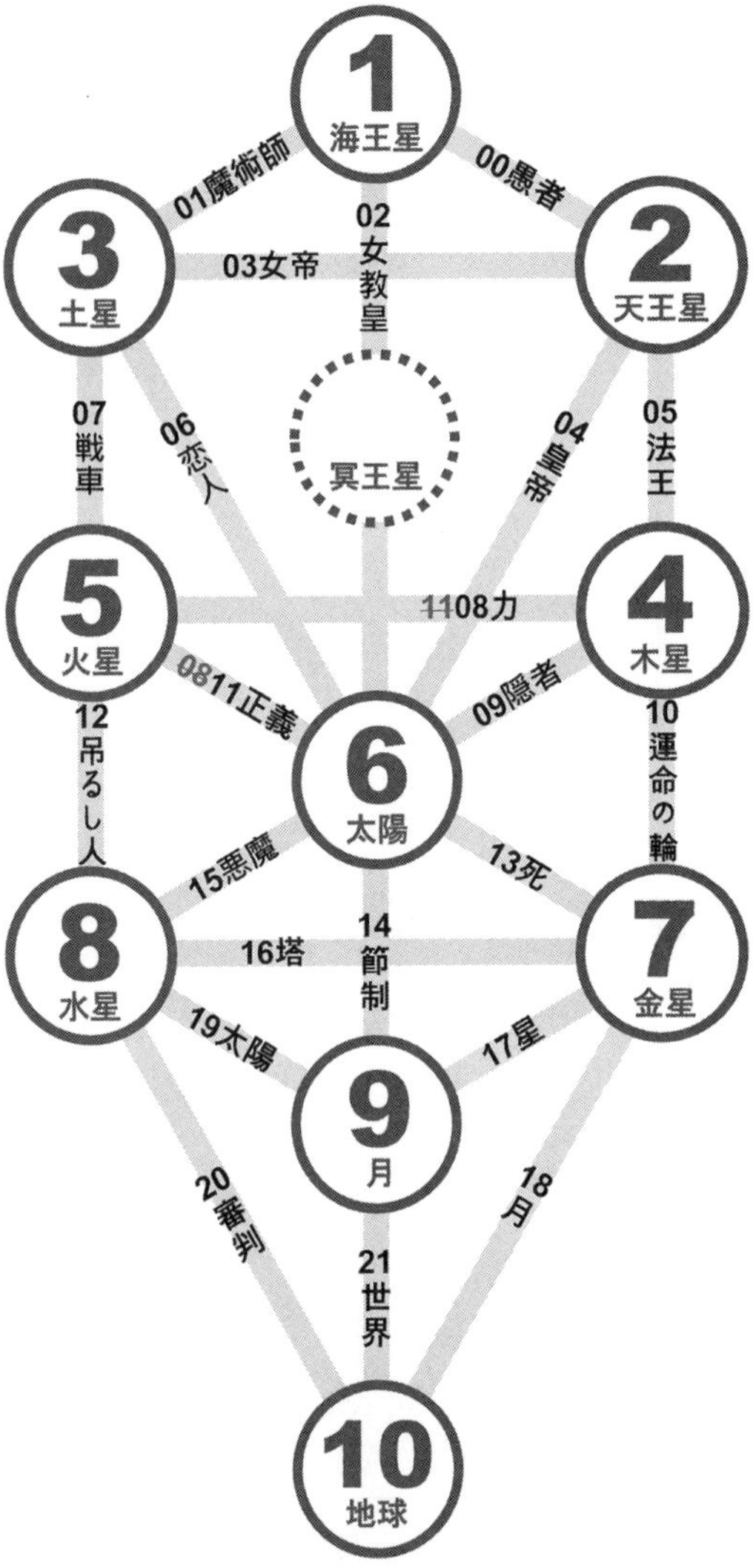

【99】ウェイト版「大アルカナ」、「生命の木」小径の対応関係

小径	ヘブライ文字		セフィラ接続				タロット		
	字母	文字名称	From		To	例外	No.		ウェイト版
01	א	Alef アレフ	1	→	2		00	0	愚者
02	ב	Bet ベート	1	→	3		01	I	魔術師
03	ג	Gimel ギーメル	1	→	6		02	II	高等女司祭
04	ד	Dalet ダレット	2	→	3		03	III	女帝
05	ה	He ヘー	2	→	6	内→外	04	IV	皇帝
06	ו	Wau ヴァウ	2	→	4		05	V	神官
07	ז	Zayin ザイン	3	→	6	外←内	06	VI	恋人たち
08	ח	Chet ヘット	3	→	5		07	VII	戦車
09	ט	Tet テット	4	→	5		08	VIII	**剛毅（力）**
10	י	Yod ヨッド	4	→	6		09	IX	隠者
11	כ	Kaf カフ	4	→	7		10	X	運命の輪
12	ל	Lamed ラーメド	5	→	6		11	XI	**正義**
13	מ	Mem メム	5	→	8		12	XII	吊られた男
14	נ	Nun ヌーン	6	→	7		13	XIII	死
15	ס	samech サメフ	6	→	9	左←右	14	XIV	節制
16	ע	AYin アイン	6	→	8		15	XV	悪魔
17	פ	Pe ペー	7	→	8		16	XVI	塔
18	צ	Tsuadi ツァーディー	7	→	9		17	XVII	星
19	ק	Kof コフ	7	→	10		18	XVIII	月
20	ר	Resh レーシュ	8	→	9		19	XIX	太陽
21	ש	Shin シン	8	→	10		20	XX	審判
22	ת	Tav タウ	9	→	10		21	XXI	世界

【100】大アルカナの配置ルール

- 「セフィラ接続」に示す「起点（From）と終点（To）」について、セフィラ番号の若い順に、ヘブライ文字を配置する（例外あり）
- ヘブライ文字の順番に従い、大アルカナを配置する

◆**大アルカナと小径の象意**

すべてのセフィラは、次のような象意を持っています（page 091-092 再掲）。

①**ケテル**／王冠：純粋意識、霊性、潜在性・可能性【**創始**】
②**ホクマー**／知恵：創造を始める、男性原理【**相反・受容**】
③**ビナー**／理解：受け止め、表現力、生命、女性原理【**生命・表出**】
④**ケセド**／慈悲：安定化【**安定化**】
⑤**ゲブラー**／強さ・峻厳：強さ、揺らぎ、再統合【**ゆらぎ・再統合**】
⑥**ティファレト**／美：愛、調和・バランス、美的感覚【**神の意志**】
⑦**ネツァク**／勝利・永遠：性的本能、情動・探求心【**本能・探求**】
⑧**ホド**／栄光・反響：パワー（影響力）【**影響力**】
⑨**イェソド**／基礎・設立：総合、叡知【**円熟**】

⑩**マルクト**／王国：可能性、霊性、出発点に戻る【**霊性・可能性**】

各セフィラが象意を持っているため、それぞれを結ぶ小径にも、象意が発生します。ただし、各小径の象意は、そこに配置された大アルカナ本来の象意に影響されます。

以上をまとめると、「大アルカナ＋小径」22セットの象意は、たとえば次のように表現することができます。

00 愚者①→②：**純粋な意識**①を持つ「愚者」が**知恵**②を求める旅に出発
01 魔術師①→③：**霊性**①を天から賜る「魔術師」が、**表現力**③で世界を創造
02 女教皇①→⑥：**霊性**①を受容する「女教皇」が、**愛と調和**⑥への道を開示
03 女帝②→③：**知恵**②を受け止める「女帝」が、**女性性と生命力**③を体現
04 皇帝②→⑥：**知恵**②を使いこなす「皇帝」が、**愛と調和**⑥で世界を安定化
05 法王②→④：神の**知恵**②に導かれる「法王」が、**慈悲**④により世界を統合
06 恋人③→⑥：神の意志を**理解**③する「恋人」が、**愛と調和**⑥の世界を体現
07 戦車③→⑤：神の意志を**理解**③する「戦士（＝戦車）」が、**強い力**⑤で勝利

08 力④→⑤**：慈悲**④が「力」の**厳しさ**⑤を制御し、世界を栄光で満たす
09 隠者④→⑥**：慈悲**④にあふれる「隠者」が、**愛と調和**⑥の叡智に導く
10 運命の輪④→⑦**：慈悲**④が「運命の輪」を回し、人生を**勝利**⑦に導く
11 正義⑤→⑥**：厳しさ**⑤を持った「正義（の女神）」が、**愛と調和**⑥に導く
12 吊るし人⑤→⑧**：厳しさ**⑤を反転し、「吊るし人」が、**影響力**⑧に変える
13 死⑥→⑦**：愛と調和**⑥が「死」によって再生し、**永遠の勝利**⑦を達成する
14 節制⑥→⑨**：愛と調和**⑥が「調合（＝節制）」され、**叡智**⑨に変わる
15 悪魔⑥→⑧**：愛と調和**⑥が「悪魔」により、人間を惑わす**影響力**⑧となる
16 塔⑦→⑧**：探求心**⑦で作り上げる「塔」が、**影響力**⑧の証しとなる
17 星⑦→⑨**：情動**⑦を「星」に届けると、**叡智**⑨がもたらされる
18 月⑦→⑩**：情動**⑦が、「月」のパワーで、実現の**可能性**⑩に変わる
19 太陽⑧→⑨**：影響力**⑧が、「太陽」の神性に照らされ、実現の**基礎**⑨となる
20 審判⑧→⑩**：影響力**⑧が、「審判」を受け、世界実現が**可能**⑩となる
21 世界⑨→⑩**：叡智**⑨によって、「世界」の実現が**可能**⑩となる

「22本の小径に大アルカナを当てはめる」右記の考えに対して、筆者は、ピュタゴラス数秘、グノーシス神話を経て、マルセイユ・タロット成立に至る歴史的経緯を踏まえ、「⓪から⑩の11個のセフィラに大アルカナを当てはめる」ことを提唱しています（page 226 図【71】）。

「どちらが正しいか」ではなく、「伝統か革新か」というテーマになるので、状況に応じて選択すべき問題と考えます。

付録（タロット占い用の象意）

マルセイユ・タロット「大アルカナ22枚」で占いを行う場合の象意（正位置の場合）を書き起こしてみました。

クライアントとの応答に「すぐ使える言い回し」にしてあります。

逆位置の場合は「反対の表現」に直してお使いください。

作成にあたっては、数秘術のエキスパートであり、NARITAÏタロットの使い手でもある「さんきゅうさん（https://x.com/jdjpajm）」に協力を仰ぎました。

00 愚者	自分を信じて前進しよう・インスピレーションにしたがう・チャレンジを恐れないこと・可能性は無限大
01 魔術師	とにかく始めてみる・なんとか工夫してやってみる・知恵を絞ろう・どちらへ歩もうが結果は後から着いてくる
02 女教皇	自分の宿命に気づく・運命を受け入れることでチャンスが開ける・葛藤を受け止める・知識が役に立つ
03 女帝	愛することが最大のパワー・自分に自信を持つ・大きく羽ばたいてみる・周囲を愛で満たすのがミッション

【101】タロット占い用の象意

04 皇帝	しっかり考えて行動する・リーダーシップを発揮する・どっしり構える・あたたかく見守る・過去を振り返ってみる
05 法王	あなたが世界の主人公・自由気ままに動いてみる・いろんな手段をつかってみる・周りの迷惑に気をつけて
06 恋人	心の声（インスピレーション）に従うのが一番・周りの声を気にし過ぎると後悔する・ふさわしいひとが現れる
07 戦車	気がかりなことがある・何かが釈然としない・胸騒ぎがする・何かをためらっている・このままでは進めない
08 正義	白黒ハッキリさせる・しっかりけじめをつける・合理的に判断する・ダメなものはダメ・バッサリ切り捨てる
09 隠者	やるべきことはやった・経験値は充分・準備は万端・そろそろ行動に移すとき・自分で抱えこまず応援を頼むのもアリ
10 運命の輪	運命の分かれ目・岐路に差しかかっている・チャンス到来・運は自分で切り開く（運命の輪は自分で回す）
11 力	自我むき出しでは上手くいかない・欲望や欲求を上手にコントロールしてみる・向き合うべきは自分自身の内面
12 吊るし人	立場を逆転して見てみる・一見反対に見えてもじつはつながっている・視点を変えると全体が見えてくる

13	死	一度リセットしてみる・白紙に戻せば再生できる・断捨離が大事・終わりの始まり・今は次に行くタイミング
14	節制	矛盾対立が発展につながる・道理に従う・中庸を行くのがベスト・ものごとには陰と陽がある・バランスが大事
15	悪魔	何かに囚われている・囚われていると思い込んでいる（本当は自由なのに）・束縛されて居心地がいい（現状維持でいたい）
16	塔	劇的なできごとが起こる・執着から解放される・自分を解き放つチャンス・起こったことは不幸中の幸い
17	星	初心に還る・星に願いをかけるようにピュアな心になってみる・裸の気持ちになってみる・自分の本心を探ってみる
18	月	心にざわつきがある・自分の中の闇を客観視してみる・今は状況が刻々と変わるとき・モヤモヤした不安はやがて晴れる
19	太陽	ものごとがすべて明るみになる・どこから見てもハッキリしている・大事なものやひとを取り戻せる
20	審判	大きな気づきがある・失っていた自分を取り戻せる・生き返った気持ちになる・フレッシュな気分になる
21	世界	突破口が開かれる・当面の課題はクリアした・これまでの自分は卒業・次のステージに行ける・再スタートに備えるとき

おわりに

本書の刊行に際し、出版企画にGOを出して下さったヒカルランドの石井健資社長に、厚く御礼を申し上げます。

同社と私を繋いで下さったのは、『PCRとコロナと刷り込み』に続き、『日銀も17省庁も日本国家は終了しました！』を上梓された細川博司先生。ありがとうございました。

編集担当の井上朱里さんには、初校段階から細やかなディレクションをして頂きました。

前著で「魔術師」を主人公にした芸術的な表紙を作って下さったデザイン軒・吉原遠藤さんは、「女帝＝ソフィア」が主役を務める本書の表紙を、匠の技で仕上げて下さいました。

紙面の装飾も、前著に引き続き、吉原さんのデザインです。

さて、この本を執筆できたのは、先行書籍からのインスピレーションに負うところ大！

そこで、先人の知見・業績を皆様にお伝えするために、できる限り「引用」を活かしたライティングを行いました。

ここで、とくに印象的だった箇所をいくつか紹介させて頂きます。

◆ジョン・ラム・ラッシュ 著『偽の神との訣別［上・下］』

●〈人類は人外の存在に侵略されている〉（上 p.39）

●〈女神ソフィアが宇宙の核の外側へと出ていった時に不意に生み出されてしまった異種族「アルコン」〉（上 p.39）がその侵略者

●ソフィアは〈神性充満《プロレーマ》から人類の輝かしい未来を夢見て、宇宙の中心から飛び出し［中略］私たち自身が彼女の想像通りの姿になれるよう、彼女は私たちの生きる世界になる〉（上 p.333）

◆大貫隆 著『グノーシスの神話』

●〈どうして人間は、至高の神の一部でありながら、間違った居場所にやってきたのか？　なぜそのようなことが起きるのか。そもそも間違った居場所とは何のことか？　グノーシス主義はこの問いに答えるために、無数の神話を紡ぎ出した〉（p.4）

●〈現実の人間は居場所を間違っている。本来の場所へ立ち帰らねばならない。このことの「覚知」（あるいは「認識」、ギリシア語でグノーシスGnosis）こそが、その立ち帰りの途

を開く〉（p.3）

●〈そして第一のアルコーン［ヤルダバオート］は、七人の王たち［③〜⑨］が天を［中略］支配することに定めた。［中略］これらの者たちは天ごとに蒼穹を持ち、太初から存在するアイオーン（＝プレーローマ）の形に従い、不朽なる者たち（＝プレーローマの神々）の範型に従ってアイオーン（世界）を持っている〉（pp.101-102）

◆荒井献・大貫隆・小林稔・筒井賢治 訳『新約聖書外典 ナグ・ハマディ文書抄』

●〈心魂と身体に拘束されて、蒙昧な造物神の支配下に置かれている〉（p.5）

●〈人間がその支配を脱して、本来の居場所へ救出されるためには、そこから訪れてくる啓示に照らされて、本来の自己を「認識」（グノーシス）しなければならない〉（pp.5-6）

◆池上俊一 著『ヨーロッパ中世の宗教運動』

●〈悪魔の干渉によって神の植えた生命と恩寵の樹に不均衡・欠如・闇が招来され、天使［＝魂］はその結果、天から地に堕ちる〉（p.168）

●〈善（光）の力と悪（闇）の力との緊張・争い・混乱の中で、徳を身につけ神の失われた均衡・統一性を回復するか、あるいは逆に罪を繰り返すことによって悪の力を肥大させる

かは、ひとえに人間の自覚と行動に懸かっている〉(p.168)

◆**山本伸一 著『総説カバラー：ユダヤ神秘主義の真相と歴史』**

- 〈創造神は一〇個のセフィロート［セフィラ］と二二個のヘブライ文字によって世界を生み出した〉(p.193)

◆**廣田雅美 著『【新装版】生命の木パーフェクトガイドBOOK』**

- 生命の木は、〈世界がどのように創造されたのかを示す創造の歴史であり、私たちがどのように今の状態に至り、どのように故郷に戻るかを示す地図でもあります〉(p.18)

◆**SEVEN STARS 著『現代数秘とカバラ数秘』**

- 〈私たちが「世界」と認識している世界はマルクト［⑩］で、マルクトはケテル［⓪］から流出した創造の源が生命の木を通った「結果」なので、生命の木の状態を知るには自分の世界でどんな物質化・現実化が起きているのかをつぶさに観察するのが唯一の方法ということになります〉(p.139)

スピリチュアル界やネットを賑わせている「光と闇」の話題については、問題の根源について、ある程度の答えを出せたのではないか、と思っています。

そして、本書をお読みになる皆様が、マルセイユ・タロットだけでなく、数秘術、グノーシス神話、カバラ「生命の木」、占星術…と、関心を拡げていって頂ければ幸いです。

「新・生命の木」を使った数秘術のモニターを務めて頂いたMHさんは、制作途中のゲラを何度もご覧になり、読者目線での貴重な感想や、熱い励ましの言葉を下さいました。

前著に引き続き、X（旧Twitter）のフォロワーの方々には、ポストやスペースを通じて、温かい応援を頂いています。

あらためて皆様に感謝の意を表し、このあたりでペンを置くこととします。

筆者

(187) 同上
(188) SEVEN STARS，前掲書，p.146
(189) 石井，前掲書，p.64
(190) ラブア，前掲書，p.68
(191) 同上
(192) レヴィ，前掲書（教理篇），p.132
(193) 同上
(194) 同上
(195) 同書，p.136
(196) 同上
(197) レヴィ，前掲書（祭儀篇），p.40
(198) 同上
(199) 獣の数字，ja.wikipedia.org/wiki/
(200) 廣田，前掲書，p.258
(201) 同上
(202) 同上
(203) ともこ，前掲書，p.28
(204) 同上
(205) SEVEN STARS，前掲書，p.147
(206) 同上
(207) 同上
(208) 同上
(209) 同上
(210) 同書，p.148
(211) 石井，前掲書，p.50
(212) レヴィ，前掲書（教理篇），p.142
(213) 同上
(214) 同書，p.145
(215) 同上
(216) レヴィ，前掲書（祭儀篇），p.243
(217) レヴィ，前掲書（教理篇），p.251
(218) 同上
(219) 現代数秘とカバラ数秘，sevenstars-numerology.amebaownd.com
(220) 廣田，前掲書，p.18
(221) 同上
(222) 同書，pp.18-19

PART. 3　タロットの革新

(1) タロット＃注釈11，ja.wikipedia.org/wiki/
(2) 中村心護，セフェル・イェツィラー（形成の書）～カバラの奥義～，Independently published，2022，pp.37-38
(3) 中村，前掲書，pp.41-43
(4) K・フランク・イェンセン，江口之隆訳，ウェイト＝スミス・タロット物語　いま明かされる世紀のカードの成立事情，ヒカルランド，2019，p.81
(5) 同上
(6) 同書，p.82
(7) 同上
(8) 同上
(9) 同上
(10) 同書，p.85
(11) 同上

(117) 同上
(118) 石井，前掲書，p.96
(119) レヴィ，前掲書（教理篇），p.84
(120) 同上
(121) 同書，p.131
(122) 同書，p.94
(123) 同書，p.90
(124) 同上
(125) 同書，p.88
(126) 同書，p.200
(127) 同上
(128) 同書，p.204
(129) 同書，p.206
(130) 同上
(131) レヴィ，前掲書（祭儀篇），p.158
(132) ともこ，前掲書，p.20
(133) 廣田，前掲書，p.256
(134) 同上
(135) SEVEN STARS，前掲書，p.138
(136) 同上
(137) 同上
(138) 石井，前掲書，p.80
(139) 同書，p.81
(140) ラブア，前掲書，p.69
(141) レヴィ，前掲書（教理篇），p.98
(142) 同書，p.108
(143) 同書，p.100
(144) 同書，p.209
(145) 同上
(146) 同上
(147) 廣田，前掲書，p.257
(148) 同上
(149) ともこ，前掲書，p.22
(150) 廣田，前掲書，p.35
(151) SEVEN STARS，前掲書，p.141
(152) 同書，p.140
(153) 同書，p.141
(154) 同書，pp.141-142
(155) 同書，p.142
(156) 廣田，前掲書，p.75
(157) SEVEN STARS，前掲書，p.142
(158) 同書，p.143
(159) ラブア，前掲書，p.67
(160) 同上
(161) レヴィ，前掲書（教理篇），p.114
(162) 同上
(163) 同書，p.116
(164) 同上
(165) 同書，p.117
(166) 同上
(167) ともこ，前掲書，p.24
(168) SEVEN STARS，前掲書，p.143
(169) 同上
(170) 廣田，前掲書，pp.108-109
(171) SEVEN STARS，前掲書，p.144
(172) 同上
(173) 同上
(174) 同上
(175) 同書，pp.144-145
(176) 石井，前掲書，p.73
(177) ラブア，前掲書，p.69
(178) 石井，前掲書，p.73
(179) SEVEN STARS，前掲書，p.145
(180) レヴィ，前掲書（教理篇），p.235
(181) 同書，p.229
(182) 同上
(183) 同上
(184) 同書，p.227
(185) 同上
(186) 廣田，前掲書，p.258

(47) 同書，p.127
(48) 同書，pp.126-127
(49) レヴィ，前掲書（教理篇），p.49
(50) 同上
(51) 同上
(52) 同上
(53) 同上
(54) 同書，p.163
(55) 同上
(56) 同書，p.168
(57) 同書，pp.164-165
(58) 石井，前掲書，p.127
(59) レヴィ，前掲書（祭儀篇），p.135
(60) レヴィ，前掲書（教理篇），p.274
(61) 同書，p.270
(62) 同上
(63) 同上
(64) 同上
(65) 同上
(66) 同書，p.272
(67) 同書，p.273
(68) 同上
(69) ともこ，前掲書，p.14
(70) 廣田，前掲書，p.86
(71) 同上
(72) 石井，前掲書，p.130
(73) ラブア，前掲書，p.72
(74) 石井，前掲書，p.130
(75) レヴィ，前掲書（教理篇），p.49
(76) 石井，前掲書，p.131
(77) 同上
(78) レヴィ，前掲書（教理篇），p.64
(79) 同上
(80) レヴィ，前掲書（祭儀篇），p.135
(81) レヴィ，前掲書（教理篇），p.181
(82) レヴィ，前掲書（祭儀篇），p.135
(83) レヴィ，前掲書（教理篇），p.179
(84) 同上
(85) 同上
(86) 同書，p.181
(87) 同書，pp.181-182
(88) ともこ，前掲書，p.16
(89) SEVEN STARS，前掲書，p.134
(90) 同上
(91) 山本，前掲書，p.186
(92) 同上
(93) SEVEN STARS，前掲書，p.134
(94) 同書，p.135
(95) 石井，前掲書，p.109
(96) ラブア，前掲書，p.70
(97) 石井，前掲書，p.109
(98) 同書，p.111
(99) 同上
(100) レヴィ，前掲書（教理篇），p.74
(101) 同書，p.81
(102) 同書，p.157
(103) 同上
(104) 同書，p.74
(105) 同上
(106) 同上
(107) 同書，p.186
(108) 同書，p.187
(109) 同上
(110) 同上
(111) SEVEN STARS，前掲書，p.136
(112) 同上
(113) 同書，p.137
(114) 同上
(115) ラブア，前掲書，p.70
(116) 同上

〈美術〉と〈スピリチュアル〉で読み解く タロット 隠されたメッセージ，ヒカルランド，2023，p.26）
(2) catari, TRECCANI.it（以下における引用。同上）
(3) マリア・ベロンチ，大條成昭 訳，ミラノ―ヴィスコンティ家の物語，新書館，1998，p.58（以下における引用。同書，p.27）

PART. 2　タロットの深淵

(1) ともこ，誕生日が教えてくれる本当のあなた 数秘×行動分析＝心が軽くなる！，世界文化社，2022，p.11
(2) 同上
(3) 同上
(4) 廣田，前掲書，p.255
(5) ともこ，前掲書，p.10
(6) SEVEN STARS，現代数秘とカバラ数秘，NextPublishing Authors Press，2021，p.132
(7) 同書，p.131
(8) 廣田，前掲書，p.69
(9) SEVEN STARS，前掲書，p.132
(10) 同書，pp.131-132
(11) 山本，前掲書，p.185
(12) 石井ゆかり，石井ゆかりの星占い教室のノート，実業之日本社，2013，p.128
(13) 同上
(14) 同上
(15) ルル・ラブア，占星学　新装版，実業之日本社，2017，p.71
(16) アストラル体，ja.wikipedia.org/wiki/
(17) エリファス・レヴィ，生田耕作 訳，高等魔術の教理と祭儀（教理篇），人文書院，1982，p.263
(18) 同書，p.264
(19) エリファス・レヴィ，生田耕作 訳，高等魔術の教理と祭儀（祭儀篇），人文書院，1992，p.265
(20) レヴィ，前掲書（教理篇），p.264
(21) 同書，p.265
(22) レヴィ，前掲書（祭儀篇），p.266
(23) レヴィ，前掲書（教理篇），p.266
(24) レヴィ，前掲書（祭儀篇），p.265
(25) SEVEN STARS，前掲書，p.148
(26) 同上
(27) 同書，p.139
(28) 同書，pp.139-140
(29) レヴィ，前掲書（教理篇），p.150
(30) 同書，p.148
(31) 同上
(32) レヴィ，前掲書（祭儀篇），pp.251-252
(33) 同書，p.256
(34) 同上
(35) ともこ，前掲書，p.36
(36) 廣田，前掲書，p.255
(37) SEVEN STARS，前掲書，p.132
(38) 廣田，前掲書，p.88
(39) SEVEN STARS，前掲書，pp.132-133
(40) 同書，p.133
(41) 廣田，前掲書，p.89
(42) SEVEN STARS，前掲書，p.133
(43) 同上
(44) 廣田，前掲書，p.90
(45) 石井，前掲書，p.126
(46) 同上

p.281）
(115) ラッシュ，前掲書［下］，p.162
(116) ラッシュ，前掲書［上］，p.70
(117) ラッシュ，前掲書［下］，p.163
(118) ラッシュ，前掲書［上］，p.70
(119) 同上
(120) 同書，p.71

PART. 1　タロットの 5 重構造 ❸カバラ「生命の木」のセフィラ

(1) カバラ，ja.wikipedia.org/wiki/
(2) 山本伸一，総説カバラー：ユダヤ神秘主義の真相と歴史, 原書房，2015, p.49
(3) Bahir, en.wikipedia.org/wiki/
(4) Sefer ha-bahir, britannica.com/topic/
(5) 同上
(6) 山本，前掲書，pp.183-185
(7) 池上俊一，ヨーロッパ中世の宗教運動，名古屋大学出版会，2007，pp.166
(8) 山本，前掲書，p.193
(9) 同上
(10) 同上
(11) 同上
(12) 箱崎総一，カバラ　―ユダヤ神秘思想の系譜―　新・新版，青土社，2019，p.184
(13) 同上
(14) 山本，前掲書，p.47
(15) 同上
(16) 同上
(17) 同上
(18) ゾーハル，ja.wikipedia.org/wiki/
(19) 箱崎，前掲書，p.200
(20) 山本，前掲書，pp.182-183
(21) ユダヤとピタゴラス カバラと数秘術 の 違 い，uranailady.com/fortune/kabara2.html
(22) 廣田雅美，［新装版］生命の木パーフェクトガイドBOOK, ヒカルランド，2021

PART. 1　タロットの 5 重構造 ❹カタリ派の秘伝

(1) ラッシュ，前掲書［下］，p.265
(2) 同書，p.266
(3) 池上，前掲書，p.174
(4) 同書，p.175
(5) 同上
(6) 同上
(7) 同上
(8) 同書，p.168
(9) 同上
(10) 同上
(11) 同上
(12) 同上
(13) 同上
(14) 同上
(15) 同上
(16) 同書，pp.168-169

PART. 1　タロットの 5 重構造 ❺古代～ルネッサンス美術

(1) アーサー・ガーダム，大野龍一 訳，偉大なる異端―カタリ派と明かされた真実，ナチュラルスピリット，2016，p.8（以下における引用。成泰，

naghamm/apocjn-davies.html
(52) 荒井ほか，前掲書，p.164
(53) 大貫，前掲書，pp.69-70
(54) ラッシュ，前掲書［上］，p.325
(55) 同上
(56) 大貫，前掲書，pp.85-86
(57) ラッシュ，前掲書［上］，p.362
(58) 同書，p.305
(59) 大貫，前掲書，p.87
(60) ラッシュ，前掲書［上］，p.251
(61) 大貫，前掲書，p.87
(62) ラッシュ，前掲書［上］，p.365
(63) 同上
(64) 同上
(65) 同上
(66) 同上
(67) 同上
(68) ラッシュ，前掲書［下］，p.141
(69) ラッシュ，前掲書［上］，p.366
(70) 同上
(71) 同書，p.427
(72) 大貫，前掲書，pp.93-94
(73) ラッシュ，前掲書［上］，p.251
(74) 大貫，前掲書，p.94
(75) ラッシュ，前掲書［上］，p.251
(76) 同書，p.367
(77) 同上
(78) 同上
(79) 同書，p.250
(80) 大貫，前掲書，p.95
(81) 同書，pp.92-93
(82) 同書，pp.100-102
(83) ラッシュ，前掲書［上］，p.250
(84) 同書，p.376
(85) 同上
(86) 同書，p.370
(87) 同書，p.371
(88) ラッシュ，前掲書［下］，pp.203-204
(89) 同書，p.204
(90) 同上
(91) 大貫，前掲書，p.109
(92) 同書，p.113
(93) 同書，p.119
(94) 同書，pp.119-120
(95) 同書，pp.120-121
(96) 同書，p.121
(97) 同書，pp.121-122
(98) 同書，p.122
(99) ラッシュ，前掲書［上］，p.332
(100) ラッシュ，前掲書［下］，p.263
(101) ラッシュ，前掲書［上］，p.333
(102) 同書，p.63
(103) 同上
(104) 同書，p.152
(105) 同上
(106) 同書，p.68
(107) 同上
(108) 同書，p.152
(109) ラッシュ，前掲書［下］，p.249
(110) ラッシュ，前掲書［上］，p.70
(111) 同上
(112) 同書，p.281
(113) John Myrdhin Reynolds, *The Golden Letters* (Ithaca, NY: Snow Lion, 1996), 144.（以下における引用。ラッシュ，前掲書［上］，p.282）
(114) Naess, cited in Warwick Fox, *Toward a Transpersonal Ecology* (Totnes, Devon: Resurgence Books, 1995), 230.（以下における引用。ラッシュ，前掲書［上］，

【註】

PART. 1　タロットの５重構造
❷グノーシス神話（救済神話）

(1) 大貫隆，グノーシスの神話，講談社（講談社学術文庫），2014，p.3
(2) 荒井献・大貫隆・小林稔・筒井賢治訳，新約聖書外典 ナグ・ハマディ文書抄，岩波書店（岩波文庫 青825-1），2022，p.5
(3) 同上
(4) 同上
(5) 同上
(6) 同上
(7) 同書，pp.5-6
(8) 大貫，前掲書，p.3
(9) 同上
(10) ジョン・ラム・ラッシュ，Nogi 訳，偽の神との訣別［上］，ヒカルランド，2022，p.288
(11) 同上
(12) ジョン・ラム・ラッシュ，Nogi 訳，偽の神との訣別［下］，ヒカルランド，2022，p.146
(13) 同書，p.219
(14) ラッシュ，前掲書［上］，p.239
(15) 大貫，前掲書，p.4
(16) 同上
(17) ラッシュ，前掲書［上］，p.387
(18) 大貫，前掲書，p.30
(19) ラッシュ，前掲書［上］，p.387
(20) 同上
(21) 大貫，前掲書，p.48
(22) 同上
(23) ラッシュ，前掲書［下］，p.145
(24) 同上
(25) ラッシュ，前掲書［上］，p.39
(26) 同上
(27) 大貫，前掲書，p.31
(28) 同上
(29) 荒井ほか，前掲書，p.3
(30) 大貫，前掲書，p.39
(31) 同上
(32) 荒井ほか，前掲書，p.3
(33) 大貫，前掲書，p.41
(34) 荒井ほか，前掲書，p.11
(35) 同書，p.12
(36) 同上
(37) 大貫，前掲書，p.45
(38) 荒井ほか，前掲書，p.22
(39) 同上
(40) 同書，p.11
(41) 大貫，前掲書，p.48
(42) 同上
(43) 同上
(44) 同書，pp.60-61
(45) 同書，p.68
(46) 同書，p.72
(47) 同書，p.69
(48) 同書，pp.72-73
(49) Barbelo, gnosticismexplained.org
(50) 大貫，前掲書，p.73
(51) The Apocryphon of John, gnosis.org/

【49】NARITAÏ / 成泰
【50】NARITAÏ / 成泰
【51】public domain
【52】NARITAÏ / 成泰
【53】NARITAÏ / 成泰
【54】NARITAÏ / 成泰
【55】NARITAÏ / 成泰
【56】NARITAÏ / 成泰
【57】NARITAÏ / 成泰
【58】NARITAÏ / 成泰
【59】NARITAÏ / 成泰
【60】Tomruen, CC BY-SA 4.0, via Wikimedia Commons
【61】NARITAÏ / 成泰
【62】public domain
【63】public domain
【64】NARITAÏ / 成泰
【65】NARITAÏ / 成泰
【66】public domain
【67】H. Churchyard, CC0, via Wikimedia Commons
【68】public domain
【69】NARITAÏ / 成泰
【70】NARITAÏ / 成泰
【71】NARITAÏ / 成泰
【72】NARITAÏ / 成泰
【73】NARITAÏ / 成泰
【74】NARITAÏ / 成泰
【75】NARITAÏ / 成泰
【76】NARITAÏ / 成泰
【77】NARITAÏ / 成泰
【78】NARITAÏ / 成泰
【79】public domain
【80】public domain
【81】public domain
【82】public domain
【83】public domain
【84】public domain
【85】public domain
【86】K・フランク・イェンセン，江口之隆訳，ウェイト＝スミス・タロット物語　いま明かされる世紀のカードの成立事情，ヒカルランド，2019，p.80の図を一部加工
【87】public domain
【88】https://www.amazon.co.jp/Sepher-Yetzirah-William-Wynn-Westcott/dp/1770832807
【89】イェンセン，前掲書，p.80の図を一部加工
【90】public domain
【91】public domain
【92】public domain
【93】NARITAÏ / 成泰
【94】public domain
【95】NARITAÏ / 成泰
【96】public domain
【97】イェンセン，前掲書，p.80の図を一部加工
【98】イェンセン，前掲書，p.85
【99】NARITAÏ / 成泰
【100】NARITAÏ / 成泰
【101】NARITAÏ / 成泰

【図表クレジット】

【1】public domain
【2】NARITAÏ / 成泰
【3】NARITAÏ / 成泰
【4】public domain
【5】public domain
【6】public domain
【7】public domain
【8】public domain
【9】public domain
【10】ChrisO, CC BY-SA 3.0, via Wikimedia Commons
【11】NARITAÏ / 成泰
【12】Joshua Jonathan, CC BY-SA 4.0, via Wikimedia Commons
【13】https://jewishhomela.wordpress.com/wp-content/uploads/2013/12/sefer-habahir-vilna-1883.jpg
【14】NARITAÏ / 成泰
【15】public domain
【16】public domain
【17】public domain
【18】Simon Burchell, CC BY-SA 4.0, via Wikimedia Commons
【19】NARITAÏ / 成泰
【20】NARITAÏ / 成泰
【21】NARITAÏ / 成泰
【22】NARITAÏ / 成泰
【23】MDanis, CC BY-SA 3.0, via Wikimedia Commons
【24】NARITAÏ / 成泰
【25】NARITAÏ / 成泰
【26】成泰,〈美術〉と〈スピリチュアル〉で読み解く　タロット 隠されたメッセージ, ヒカルランド, 2023, 巻末地名マップ④
【27】Pramzanderivative work : Augusta 89, CC BY-SA 3.0, via Wikimedia Commons
【28】public domain
【29】public domain
【30】public domain
【31】public domain
【32】public domain
【33】public domain
【34】public domain
【35】public domain
【36】https://www.amazon.co.jp/Dogme-Rituel-Haute-Magie-Spiritualism/dp/1108027520
【37】SEVEN STARS, 現代数秘とカバラ数秘, NextPublishing Authors Press, 2021, p.131をもとに作成
【38】public domain
【39】NARITAÏ / 成泰
【40】NARITAÏ / 成泰
【41】NARITAÏ / 成泰
【42】NARITAÏ / 成泰
【43】NARITAÏ / 成泰
【44】NARITAÏ / 成泰
【45】NARITAÏ / 成泰
【46】NARITAÏ / 成泰
【47】NARITAÏ / 成泰
【48】NARITAÏ / 成泰

成泰／NARITAÏ（占術・言語学研究家）

1963年生まれ。

建築士のキャリアを38年間歩むかたわら、イタリアで美術史を学ぶ。

在伊中にマルセイユ・タロットを知るが、帰国後、建築の仕事に復職。

語学好きが昂じ、英・独・仏・伊・露語の語源分析を独学で修める。

2021年から心理学・量子力学の研究をスタートする一方、タロットが潜在意識のリーディングツールであることに気づき、深堀りの道へ。

美術史・言語学の知識を活用し、マルセイユ・タロットを独自に解釈した『タロット 隠されたメッセージ』を2023年に刊行。

本書は、その続編に当たる。

◆公式X（旧Twitter）
https://x.com/naritai_com
◆ココナラブログ
https://coconala.com/blogs/934943
◆なりたい自分になる一量子創造論
https://nari-tai.com
◆アメブロ「タロット・数秘術・引き寄せ」
https://ameblo.jp/hikiyosetarot/
◆ Instagram
https://www.instagram.com/naritaitarot/
◆ Easy Word Power ｜多言語学習ポータル
https://easywordpower.org/

タロット　封印された叡智《グノーシス》
隠された「5重構造」を解き明かす

第一刷　2024年12月31日

著者　成泰

発行人　石井健資
発行所　株式会社ヒカルランド
〒162-0821　東京都新宿区津久戸町3-11　TH1ビル6F
電話　03-6265-0852　ファックス　03-6265-0853
http://www.hikaruland.co.jp　info@hikaruland.co.jp
振替　00180-8-496587

本文・カバー・製本　中央精版印刷株式会社
DTP　株式会社キャップス
編集担当　井上朱里

ISBN978-4-86742-443-8

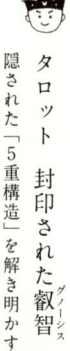

量子HADO＋オルゴンパワー
身体も食品も植物も酸化撃退！

プレートから、もこっふわっとパワーが出る

もこふわっとは美容、健康、開運、若返りが期待できるちょっと欲張りなアイテムです。家に置いて使用しても、持ち歩いても OK！　大きさはCDと同じ 12 センチ、厚みは３ミリ。アルミニウム素材で非常に軽く作られています。

ちょっと不思議な名前の「もこふわっと」は、エネルギーや波動がふわっと出ているようなイメージで、敏感な方は持っただけでパワーを感じます。長く身に付けて頂くと体感としておわかりいただけるかと思います。

もこふわっとは酸化した食品（錆びてる状態の食品）を還元作用でイキイキさせることができ、プレートの上にお茶やワインを置くと味に変化があります。食品は作る時にどうしても酸化してしまいます。でも、酸化したものを体内に入れたくないですよね。そのとき、もこふわっとで、イキイキした状態に戻してそれを食べるという使い方もできます。

もこふわっとからいつもパワーが出ており、プレートの上にお水を置いておくと、水にエネルギーがチャージされ泡が沢山つくようになります。この、もこふわっとのパワーが転写されたエネルギー水を飲んでもらうと健康にとても良いと言われています。

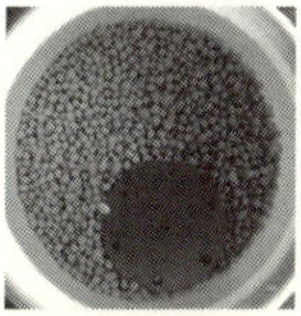

お味噌を作る大豆と一緒にいれておけば、マイルドでまろやか。あっさりした味わいの出来上がりに。

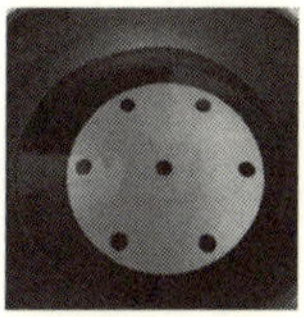

揚げ物の油に入れてもOK！油の酸化を和らげサクッと美味しく作れます。

コップの下に敷いてお茶を飲むと、お茶がまろやかで深みある味に。

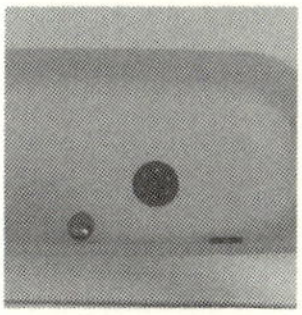

お風呂に入れると、湯冷めしにくくなります。

本といっしょに楽しむ イッテル♥ Goods&Life ヒカルランド

波動が出ているかチェックできる！

もこふわっとを制作したトシマクマヤコンが作成した不思議な波動測定グッズ！

波動ネックレスとしてお出かけのお供に！

波動チェッカーとして気になるアイテムを波動測定！

あなたの推しアイテム、
本当にどれくらいのパワーを秘めているのか気になりませんか？
見た目や値段、デザイン、人気度だけで選んでしまっていませんか？
買ったあとに、「これで良かったのかな？」と
後悔してしまうことはありませんか？

そんな時こそ、このふしぎな波動チェッカーの出番です。

チェッカーをアイテムにかざすだけで、あなたに答えてくれます。波動チェッカーが元気よく反応すれば、そのアイテムはあなたが求めているパワーを持っている証拠です。

パワーグッズを購入する前に、まずこのチェッカーで試してみましょう！

植物や鉱物、食品など、さまざまなものを測定することで、新たな発見があるかもしれません。


八ヶ岳の魔女メイさんも注目のアイテムです。


見た目も可愛いふしぎ波動チェッカー。

ヒカルランドスタッフ内でも大人気。

量子加工がされていて、波動の出ているものに近づけると磁石の同じ極を近づけた時のように反発します。

首にかけていれば運気 UP が期待できるアイテムです♪

波動が出ているものに
近づけると反発

ヒカルランド　好評既刊!

地上の星☆ヒカルランド　銀河より届く愛と叡智の宅配便

〈美術〉と〈スピリチュアル〉で読み解く
タロット　隠されたメッセージ
「絵柄」に込められた真の意図!
著者:成泰 Naritai
四六ソフト　本体 2,000円+税

ヒカルランド　好評既刊!

地上の星☆ヒカルランド　銀河より届く愛と叡智の宅配便

[新装版] 魂のブループリント
著者：光海
四六ソフト　本体 1,800円+税

ウェイト=スミス・タロット物語
著者：K・フランク・イェンセン
訳者：江口之隆
Ａ５ソフト　本体 3,333円+税

魂のブループリントノート
著者：エルアシュール
Ａ５ハード　本体 2,200円+税

[新装版] 生命の木パーフェクトガイドBOOK
著者：廣田雅美
四六ソフト　本体 2,000円+税

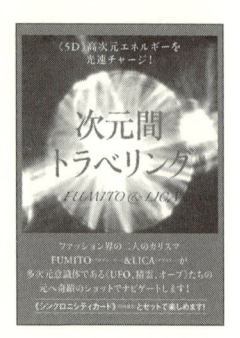

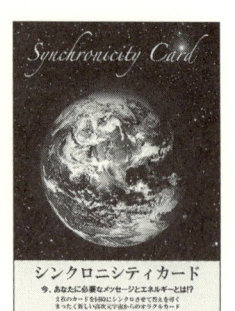

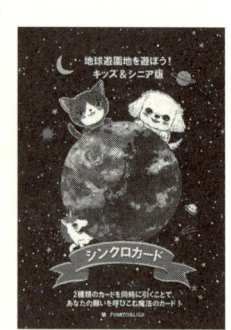